전적의존

전적 의존

김길 지음

규장

프롤로그

하나님과의 관계가 최우선이다

명동에 스타벅스가 새로 생겼다. 이 년 넘게 명동에서 기도해온 나에게 그 자리는 남다른 의미가 있다. 그곳은 을지로입구에서 사람들이 쏟아져 나와 명동으로 들어가는 길목으로 명동의 입구, 집으로 치면 대문 같은 장소다. 물론 공식적인 표지나 팻말이 있는 것은 아니다. 그저 내가 그렇게 여기고 기도해왔고 마치 집 주인이 대문에 문패를 걸듯 명동에 하나님의 이름이 새겨져야 한다면 바로 그곳이어야 한다고 생각할 뿐이다. 어디까지나 내 생각이고 영적인 의미에서 그렇다는 말이다.

그 스타벅스의 넓은 탁자에 혼자 앉아서 즐겁게 이 책에 대한 구상을 했다. 한 번도 책이라는 것을 써본 적이 없다가 《증언》 이후로 《사명》, 《충만》까지 줄줄이 출간하게 되었다. 몇 개월 쉬면서 '이제 책은 다 쓴 것이 아닌가' 하는 생각이 들었다. 그때 이성교제와 결혼, 가정생활, 리더십 등 청년들에게 실질적인 도움이 되는 책을 써

보라는 권유를 받았다. 좋은 느낌이 바로 들었다. 무엇보다 청년들이 많이 읽을 것 같은 흥분이 생겼다. 나는 카페에서 신나게 목차를 정리했다. 목차들이 떠오르면서 의욕도 새롭게 올라왔다.

'인트로를 이렇게 쓰면 정말 쌈빡하겠다.'

이런 생각으로 마음이 들떠 있던 바로 그때였다.

하나님은 싫어하셨다. 보통 하나님께서 내가 하는 어떤 일을 싫어하실 때는 무언가 삐걱대는 일이 생기면서 평강이 없어지고 기도가 은혜 없이 반복되거나 무덤덤해진다. 거기서 조금 더 나가면 추진하던 일들이 사람들의 냉담한 반응으로 문제에 부딪히게 된다. 냉담한 반응이란 늘 신기하다. 사람들이 단체로 결정한 것도 아닐 텐데 어디서 그런 싸늘한 표정들이 나오는지…. 그럴 때는 정말 숨고 싶다.

난 이런 상황이 쓰고자 하는 책의 내용과 상관없는 일이라 믿고 싶었다. 조용히 그리고 조심스럽게 하나님께 여쭤보았다.

'청년들이 좋아하는 주제로 실질적이고 재미있게 글을 쓰는 것이 하나님의 뜻이 아닌가요?'

마음에 드는 생각은 두 가지다.

첫째는 나는 아직 그런 글을 쓸 때가 아니라는 것이다. 내가 쓰고 싶은 글이 아니라 하나님이 원하시는 글을 써야 한다는 생각이다. 내 인생이지만 내 맘대로 할 수 있는 것이 별로 없다. 글 쓰기라고 예외는 아닐 것이다. 그래도 아쉽긴 하다.

둘째는 나는 약간 심각하고 마음을 찌르는 글을 쓰는 것에 부름을 받았으니 사람들에게 많이 읽히고 주목받으려는 마음을 내려놓으라는 것이다. 또 한 번 아쉽다. 사람들이 부담 없이 읽을 수 있는 글을 쓰고 싶은데….

책을 낸 후 서점에 여러 번 가서 독자들이 어떤 책을 고르는지 유심히 보았다. 젊은이들은 무거운 주제의 책에는 눈도 주지 않았다. "산 넘어 산"이라고 이 책의 주제는 '회개'다.

회개에 대한 글을 쓰면서 첫 번째 들었던 의문은 "왜 깊은 회개를 하지 않을까?"였다. 습관적인 회개와 아버지의 마음을 알지 못하고 하는 회개에 대한 고민으로부터 이 글은 시작되었다.

처음에는 글들이 날카로웠다. 그러나 "어떻게 회개를 해야 하는가" 하는 부분에서 아버지의 마음을 알아야 회개가 가능하고 관계가 회복된다는데 이르자 글은 다시 부드럽고 간절해졌다. 책망으로 회개가 일어나지만 어쨌든 그 속에는 간절한 사랑이 있다. 설교할 때나 양육할 때나 글을 쓸 때나 조국의 청년들이 그리스도의 제자로 잘 사는 것을 보고 싶은 마음이 간절하다(나는 그것을 '사랑'이라고 표현하고 싶다).

마지막으로 "구체적으로 어떻게 회개를 할 것인가" 하는 내용을 썼다. 자연스럽고 깊은 회개가 있었으면 좋겠다. 청년 사역자들이 지금의 세대를 삶과 신앙에서 기준을 잃어버린 세대라고 말하는 것을 자주 들었다. 그들에게 죄란 무엇이며, 어떻게 회개해야 하고, 하나님과 깊은 관계를 맺으려면 어떻게 해야 하는지 나눔으로써 조금이나마 도움이 되었으면 좋겠다.

   목사로서 성도들이 두려움 없이 예수님께 나아가다가 다시 예전처럼 자신의 뜻으로 돌아가버리는 걸 보는 것만큼 안타까울 때가 없다. 예수님과의 관계가 무너지면 늘 시달리던 두려움이나 욕심이 올라온다. 문제를 예수님이 주시는 관점으로 보지 못하고 어정쩡하게 있다가 그 문제가 해결되지 않으면 더욱 자기 마음대로 한다. 그러지 않으려면 끝까지 믿음으로 가야 한다. 누군가의 도움이 아니라 스스로 예수님과 친밀한 관계를 맺고 그 관계 안에서 예수님이 주시는 관점을 알고 문제를 해결하는 믿음의 삶이 되어야 한다.

   또한 예수님과의 관계가 문제를 해결할만큼 지속되어야 한다. 한번 그런 경험을 하면 그 관계가 얼마나 소중하고 현실적인지 알게 될 것이다. 혹시 경험했는데 잊어버렸는가? 그렇다면 다시 기억하고 새롭게 시작하자.

   자신 없는 작가에게 기도로 글을 쓰도록 권면해준 편집진에게 감사드린다. 늘 옆에서 간절한 기도로 낙담하지 않도록 격려해주는 아내에게 마음을 담아 고마움을 전하고 싶다.

명동에서 김길

프롤로그

PART 1 왜 의존하지 않는가

1장 마음대로 사는가 의존하는가 13
간섭하시는 은혜 | 주목하시는 하나님 | 은혜 없이는 살 수 없다 | 욕망을 따라 떠난 아들 | 돌이킬 기회는 있다 | 아버지의 눈물 | 큰아들의 실수 | 사랑을 배신한 사람들

2장 의존을 막는 장애물을 치워라 42
보호의 경험 | 의존 훈련 | 원수의 공격 | 의존을 방해하는 주요인 | 재정을 통제하라 | 빚의 위험성 | 먼저 빚을 갚아라 | 겸하여 섬길 수 없다 | 돈의 가치는 마음에 있다 | 다스리고 자유하라

PART 2 의존이 사라진 곳에 죄가 싹튼다

3장 관계를 깨는 죄 81
고통의 시작 | 철저하고 정직한 고백 | 치명적 결함 | 감출 수 없는 죄 | 처참한 대가 | 수치의 나날 | 하나님을 간절히 찾는 사람 | 하나님께 받은 지혜 | 죄로 약화된 의존

4장 깊은 회개와 회복 116
수고에 대한 공감 | 십자가 앞으로 | 형식적인 관계 | 회개를 대신하는 것들 | 지칠 줄 모르는 회개 | 죽음같이 강한 사랑 | 통곡의 회개

CONTENTS 차례

PART 3 전적의존의 삶을 살라

5장 상한 마음으로 나아가라 147
죄를 즐기는 철부지 | 치명적인 죄의 결과 | 깊은 고백 | 가난한 마음 | 마음을 살펴서 회개하라 | 스스로를 용서하라 | 자연스러운 회개

6장 예수님과 동행하라 169
누구 탓인가 | 참된 용서 | 친밀한 동행의 삶 | 관계가 깨어질 때 | 예수님을 생각하라 | 삶의 현장에 계시는 하나님 | 문제가 생기면 관계를 돌아보라

7장 자유와 평강을 누리라 193
은혜의 방향 설정 | 회개하는 사람의 특권 | 자유를 선택하다 | 자유 이후의 삶 | 다윗의 훈련 | 평생의 원칙 | 칭찬 듣는 사람

에필로그

왜 의존하지 않는가

교만은 하나님을 의지하지 않는 것이다. 무언가 부족함이 없는 사람들의 교만함을 안다. 겉으로 겸손한 척해도 부족해서 의지해본 적이 없는 사람이 가지는 교만이다. 교만함은 마음의 내용이다. 말하지 않아도 그 마음으로 하나님을 의지하지 않는 사람은 교만한 사람이다. 그들은 먹고사는 데 문제가 없어서 하나님을 의지하지 않게 됨으로써 하나님을 잊어버린다.

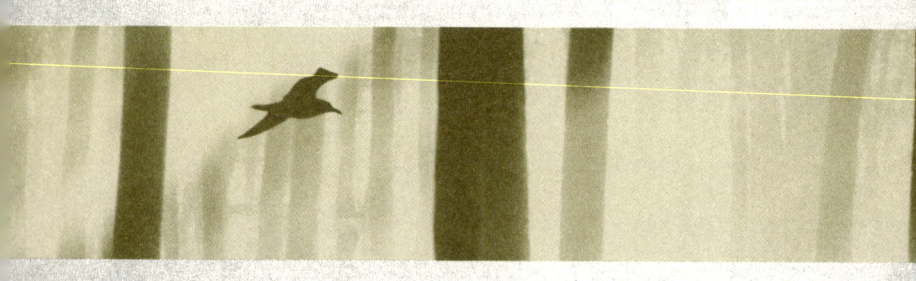

네가 먹어서 배부르고 아름다운 집을 짓고 거주하게 되며 또 네 소와 양이 번성하며 네 은금이 증식되며 네 소유가 다 풍부하게 될 때에 네 마음이 교만하여 네 하나님 여호와를 잊어버릴까 염려하노라 신 8:12-14

1장
마음대로 사는가 **의존하는가**

간섭하시는 은혜

처음으로 성경이 재미있다고 생각되고, 말씀이 꿀처럼 달다는 말이 무슨 뜻인지 이해하게 된 때가 있다. 그쯤 되면 성경에 나오는 사건이 다 내 이야기처럼 느껴지는 경험을 하기 마련이다.

> 또 그의 종 다윗을 택하시되 양의 우리에서 취하시며 젖 양을 지키는 중에서 그들을 이끌어내사 그의 백성인 야곱, 그의 소유인 이스라엘을 기르게 하셨더니 (시 78:70,71)

나는 특별히 다윗에게서 은혜를 많이 받았다. 그래서 언젠가는 그에 대한 글을 꼭 쓰리라 결심했다. 들에서 양을 치던 사람이 왕이 되었다는, 동서고금의 모두가 꿈꾸는 신데렐라 이야기.

마흔, 나는 꿈에 지친 나이가 되었다. 아내는 이십 대 초반의 나를 처음 만났을 때 '저렇게 꿈을 꾸고 사는 사람이 있구나' 싶었다고 한다. 사실이었다. 나는 날마다 꿈을 꾸고 그 꿈을 이루기 위해 살았다. 꿈이라도 꾸지 않으면 안 될 만큼 현실은 암울하고 절망적이었다. 그런 나를 보며 나의 형들은 "네가 부잣집 막내아들인 줄 아느냐"라고 비웃었지만 내겐 삶을 포기할 수 없는 무언가가 있었다.

중학교 3학년 때 큰형이 집에서 나가라고 해서 무작정 대문을 박차고 나왔다. 아마도 나의 다른 형제들 같으면 집에 다시 돌아오지 않았을 것이다. 심지어 나가지 말라고 잡아도 집을 나가는 것이 우리 형제들이었다. 하지만 나는 다시 형 집으로 들어갔다.

"너는 우유부단하고 독립심도 없고 의존적이어서 집을 나가지도 못해!"

돌아온 나를 보며 형이 말했다. 당시는 집으로 돌아온 결정적인 이유가 무엇인지 나 스스로도 몰랐다. 시간이 흘러 고3이던 어느 날, 방에 혼자 누워 있는데 문득 한 가지 생각이 들었다.

'이 모든 것이 하나님의 간섭일지도 모르겠다.'

그로부터 한참 후에 누나가 내게 말했다.

"네가 큰오빠 집에 그렇게 오래 있을 수 있었던 건 내 꿈 때문인 것 같아."

이 말을 듣고 울컥했다. 누군가 나를 알아주는 사람이 있다는 사실이 감격적이었다. 누나의 말이 맞았다. 나에게는 삶을 포기할 수 없게 하는 꿈이 있었다.

다윗의 이야기를 읽으면서 그가 형들이나 아버지에게 인정받지 못했다는 사실에 감동을 받았다. 양 치던 소년을 왕으로 삼으신 하나님은 정말 멋있으시다. 가족에게도 인정받지 못하던 다윗을 왕으로 선발하신 하나님을 볼 때 '나에게도 그런 기회가 오지 않을까?' 하는 생각이 늘 있었다. 이런 이유로 다윗의 삶에 대한 묵상은 곧 내 삶에 대한 연구이기도 했다.

하나님께서 다윗을 양 치던 곳에서 이끌어내셔서 왕으로 삼으셨다는 부분을 읽으면서 질문을 했다.

'하나님, 그럼 저는 어디서 취하셨어요?'

지금 생각해보면 조금 어이가 없다. 내가 뭐라고 다윗 흉내를 낸단 말인가. 그러나 그때는 지금보다 훨씬 어렸고 캄캄한 현실 가운데서 오로지 꿈에 붙들려 살고 있었다는 사실을 감안해야 한다.

하나님께서 그런 내게 친절하게 가르쳐주셨다.

'목포에서 네가 쓰레기를 주워 먹을 때 너를 건져냈다.'

한마디로 나는 쓰레기장에서 선발되었다. 과대망상인지 모르지만 모세가 강물에서 건짐받았고, 다윗이 양의 우리에서 선발되었으며, 요셉이 노예생활에서 하나님의 주목을 받았듯이 나는 목포의 한 쓰레기장에서 하나님의 눈에 띄었다.

그동안 잊고 있던 기억이 선명하게 되살아났다. 목포 산정동 외곽 공설운동장과 저수지와 채소밭 그리고 집을 막 짓기 시작하던 동네 옆에 있던 쓰레기장. 거기서 나는 동네 아이들과 쓰레기를 뒤져서 먹을만한 것이 있는지 찾곤 했다. 입안에서 느껴지는 씁쓸한 맛이 그때 기억인지 지금 느낌인지 모르겠다. 당시 나는 교회에 다니지도 않았다. 그런데도 하나님은 쓰레기를 뒤지는 한 어린 아이를 보셨다.

다윗이 왜 왕이 되었는지 잘 모른다. 하나님의 기준이 무엇인지 잘 모르기 때문이다. 아무런 검증도 되지 않은 양치기 소년이 왕으로 선택된 과정과 판단을 누가 알 수 있단 말인가. 그것은 하나님의 주권에 속한 문제이다. 그래서 은혜이다.

물론 다윗 입장에서 여러 가지 이야기를 할 수는 있다.

> 이에 그(다윗)가 그들을 자기 마음의 완전함으로 기르고 그의 손의 능숙함으로 그들을 지도하였도다 (시 78:72)

개역개정 성경에 '완전함'으로 번역된 단어가 개역한글판에는

'성실함'으로 번역되어 있다. 다윗은 진실하고 성실한 마음으로 양을 돌보았다. 그가 양을 지키기 위해 사자나 곰과 싸웠다는 내용을 생각할 때 그의 성실함이 인정된다. 또 양을 기를 때는 손의 능숙함으로 감당했을 것이다.

그러나 그런 자질들이 하나님이 다윗을 선택한 결정적 기준은 아니었을 것이다. 성실하고 능숙한 사람이 얼마나 많은가. 그런데 왜 꼭 다윗인가.

하나님께서 주권적인 은혜를 베푸셨다고 이해할 수밖에 없다. 그렇다면 그 무엇보다 '은혜'가 중요해진다. 사람의 노력이나 재능에 상관없이 하나님께서 주시는 은혜의 선물을 받는 것이 인생에서 가장 중요하다. 물론 다윗이나 요셉처럼 성실하게 자신의 삶을 가꿀 필요가 있다. 하나님은 기적을 뚝딱 베푸시기 전에 사람을 만들어가는 오랜 훈련을 하신다. 요셉과 다윗은 어마어마한 훈련 가운데 길러진 사람들이다.

좌우간 예수님을 믿는 사람들에게는 은혜가 최고다. 서울대 나온 서경석보다 고등학교 나온 박명수가 잘나가는 이유는 웃기기 때문이다. 개그맨은 웃기면 잘나간다. 그리스도인은 은혜 받으면 잘나간다. 예수님이 베푸시는 은혜를 사모해야 한다. 나의 노력과 재능이 소중하지만 은혜가 먼저다. 은혜 베푸시는 하나님의 뜻 안에서 노력도 하고 재능도 닦아야 한다.

주목하시는 하나님

예수님께서 십자가에서 돌아가시고 안식 후 첫날 새벽에 여자들이 예수님의 무덤에 갔다. 제자들이 실망과 두려움에 붙잡혀 있을 때 특별히 한 여자는 무덤에서 부활하신 예수님을 만났다. 그녀는 막달라 마리아였다.

> 안식 후 첫날 일찍이 아직 어두울 때에 막달라 마리아가 무덤에 와서 돌이 무덤에서 옮겨진 것을 보고 (요 20:1)

예수님에 대한 사랑이 그녀를 서둘러 움직이게 했다. 그녀는 예수님의 안부가 걱정되었다. 대제사장이나 군병들이 예수님의 시신을 어떻게 하지나 않았을까 염려스러웠을 것이다. 아니나 다를까 예수님의 시신은 찾을 수 없었다. 죽은 자 가운데 다시 살아나는 부활을 알지 못했던 예수님의 두 제자는 집으로 돌아갔지만 마리아는 무덤 앞에서 울고 있었다.

> 마리아는 무덤 밖에 서서 울고 있더니 울면서 구부려 무덤 안을 들여다보니 (요 20:11)

울고 있는 마리아에게 천사들이 물었다.

여자여 어찌하여 우느냐 이르되 사람들이 내 주님을 옮겨다가 어디 두었는지 내가 알지 못함이니이다 (요 20:13)

마리아는 전에 귀신들렸던 사람이었다. 그런 그녀를 예수님이 치유하셨다.

예수께서 안식 후 첫날 이른 아침에 살아나신 후 전에 일곱 귀신을 쫓아내어 주신 막달라 마리아에게 먼저 보이시니 (막 16:9)

예수님은 정상적인 삶이 불가능했던 막달라 마리아를 고치시고 온전하게 만들어주셨다. 그녀에게는 예수님이 가장 소중했다. 그녀를 사람답게 살 수 있게 만들어주신 예수님의 은혜는 도저히 잊을 수 없는 것이었다. 그녀는 받은 은혜가 커서 예수님을 사랑했다. 은혜보다는 자신들의 꿈이 더 컸던 제자들이 예수님을 배반하고 인간적인 슬픔에 잠겨 있을 때 그녀는 예수님을 만났다.

예수께서 마리아야 하시거늘 (요 20:16)

예수님이 막달라 마리아를 부르셨다. 그녀는 예수님을 보고도 누구인지 몰랐지만 음성을 듣자마자 "선생님"이라고 부르면서 예수님의 발 앞에 엎드렸다. 동산지기인줄 알았던 분이 바로 예수님이셨다. 마리아는 예수님의 외모가 아니라 목소리를 듣고 알았다. 마리아를 부르시는 예수님의 목소리가 어땠기에 마리아가 한순간에 알았을까. 이 은혜로운 광경이 궁금하다.

나는 지금까지 살아오는 동안 울면서 예수님을 기다린 적이 많았다. 막달라 마리아처럼 만난 적은 없지만 예수님은 내 삶을 보셨고 은혜를 베푸셨다. 그래서 나는 은혜가 제일 소중하다고 믿는다.

대학 시험을 치르고 나서 갈 데가 없었다. 큰형은 내가 대학에 가서 시위하고 돌아다니면 공무원인 자신의 앞날에 방해가 될까 봐 힘들어 했다. 대학 시험을 보고 난 후 나는 큰형네를 나왔다. 조카들이 크고 있어서 더는 방을 차지하고 있기도 어려운 상황이었다. 그래서 서울에 있는 둘째 형 집에 머물렀다. 용산도서관과 가까운 회현동 어느 골목에 있는 집이었다.

당시 둘째 형은 포주(抱主)였다. 처음에는 그 사실을 몰랐다. 형은 시간이 흐르면서 점점 나를 부담스러워 했다. 나중엔 술을 먹고 와서 나가라고 소리를 쳤다. 먹을 것도 주지 않았다. 그래서 나는 라면을 끓여 먹거나 밖에 나가서 밥을 사 먹을 수밖에 없었다. 나 때문인지 모르지만 형이 집에 오지 않는 날이 많아졌다. 나는 형과 같이 있던 여자들과 한 방에 머물게 되면서 그들이 몸을 파는 일을 한다는 것을 알게 되었다. 그런 환경에서도 나는 내 신세가 처량하다거나 스스로 살 길을 찾아야 한다고 생각하지 못했다. 너무 소심하거나 나약했던 것은 아닐까. 간혹 여자들이 데이트를 하자고 손을 잡아끌면 뿌리치면서 지냈다.

중고등학교 시절부터 현실 문제에 대한 고민과 독서는 있었지만 향락과는 조금 거리가 있었다. 광주 시내에 몇 번 나가지 않을 정도였으니까. 고등학교 때 대타로 단체 미팅에 처음 나간 날, 교련복 차림의 나는 여학생들에게 '폭탄'이었다. 서울에 와서도 주로 용산도서관에 가서 하루 종일 책을 읽었다. 이문열의 《레테의 연가》와 같은 현대 소설들을 많이 읽었다. 아침에 도서관에 가서 네 권 정도 읽고 싶은 책을 고른 다음 하루 종일 읽었다.

주일이면 어김없이 힐튼호텔 근처에 있는 남대문교회에 갔다. 당시 임영수 목사님이 설교하셨던 기억이 난다. 하루는 임 목사님이 새벽기도회에 오시며 '택시를 보내주세요'라고 기도했는데 곧 택시가 와서 '하나님이 함께하심을 느꼈다'는 따뜻하고 유머 있는 설교를 하신 기억이 있다.

인생에 있어 아주 잠깐의 시간이 강렬한 기억으로 남아 있는 것은 과거의 아픔 때문이 아니다. 아마도 당시 내 삶을 의지할만한 곳을 간절히 찾았기 때문일 것이다. 하나님께 무겁고 힘겨운 내 삶을 기대기에는 아직 믿음이 어렸고, 삶을 위로받기에는 하나님과의 거리가 너무 멀었다.

회현동에서 갈 길을 몰라 방황하던 나를 하나님께서 주목하고 계셨다. 내 인생은 얼마든지 잘못될 수 있었다. 그때 오직 하나님만이 나를 불쌍히 여겨주셨고, 조건 없는 은혜를 주셨다는 걸 최근에야 알았다.

은혜 없이는 살 수 없다

어렸을 때 큰형에게 심하게 맞으며 들은 말이 있다.

"내가 진짜 네 형인지 어떻게 알아?"

형이 홧김에 하는 말이겠거니 했다. 그런데 한번은 바로 위의 형이 옛날 이야기를 하면서 어머니에게 남자가 있을 거라는 말을 했다. 그때 형에게 물었다.

"내가 아버지와 어머니 사이에서 태어난 것이 맞아?"

형은 '아마도 그럴 것'이라고 말해주었다. 그래도 나는 마음이 시원치 않았다. 다른 형제들은 터울이 많지 않은데 바로 위의 형과 나만 6년 터울이다. 나만 목포에서 태어났다는 것도, 어머니가 배 속에 있던 나를 지우려고 높은 곳에서 뛰어내렸다는 말도 심상치 않았다.

내가 아홉 살 즈음 아버지가 돌아가시고 어머니는 집을 나가셨다. 그후로 큰형에게 많이 맞고 잠이 드는 날이면 이런 생각을 했다.

'이제 누구도 나를 건드리지 않겠구나. 이대로 아침이 오지 않

으면 좋겠다.'

그때부터 하나님은 나의 아버지셨다. 내게는 오직 예수님밖에 없었다. 지금도 그렇다.

인생에서 가장 큰 위기는 오직 예수님밖에 없고, 오직 은혜밖에 없다는 의식이 약해지는 순간이다. 나만 그런 건 아닐 것이다. 성경에 나오는 많은 사람들이 그러했다. 몸을 움직일 수 없는 38년 된 병자, 지붕을 뚫고 침상 채 내려보내지 않으면 안 되었던 중풍 병자, 눈 먼 거지였던 바디매오.

한번은 한동대학교 채플 시간에 '오직 은혜'에 관한 설교를 했다. 내 설교가 끝나고 교목 목사님이 나오셔서 기도를 인도했다. 그가 오랜 미국생활을 한 교포임을 한국말 억양이 말해주고 있었다. 내가 듣기에 그의 억양은 고급스럽고 무언가 미국적인 삶의 방식과 가치를 느끼게 했다. 목사님이 기도 인도를 하며 말했다.

"하나님이 은혜를 주시지 않으면 우린 거지입니다."

미국식 억양으로 이렇게 말하는데 은혜스러웠다. 그가 겪은 삶의 경험이 나와는 많이 다르겠지만 하나님 앞에서 은혜가 없으면 우린 모두 거지가 된다는 것을 알고 있다는 데서 그와 동질감을 느꼈다.

은혜 없이는 살 수 없다. 우리를 불쌍히 여기시는 하나님의 은혜로 돌아가야 한다.

너무 멀리 왔나요 주님께 돌아가기엔
사랑의 주님 그 품을 떠나 내 영혼 잃어버린 지금
너무 늦은 건가요 내 영혼 회복하기엔
수많은 죄악 속에 갇혀서 주님을 잃어버린 지금
하지만 내 영혼 주님 기다려요 변함없는 주님의 사랑을
내 모습 이대로 주께 돌아가요 나의 손을 잡아주소서
다시 주님의 얼굴 내 영혼 볼 수 있도록 나를 구원하소서
다시 주의 임재 가운데 내 영혼 살 수 있도록
_〈너무 늦은 건가요〉 고형원 사, 곡

어떤 사람도 자신의 의로움으로 하나님 앞에 나갈 수 없다. 누구나 죄가 있지만 하나님께서 베푸시는 은혜로만 그분께 나갈 수 있다.

그런데 은혜가 쉽게 주어져서인지, 하나님의 자비하심을 믿고 만용을 부려서인지 죄가 있음에도 은혜를 구하지 않는다. 하나님 없이도 잘 살고 있다. 마음에 용서받은 은혜가 없고, 지난날 용서받았던 사실도 잊은 채 계속 죄를 짓는 삶은 반드시 자신의 삶을 근거로 심판을 받게 될 것이다. 하지만 용서받은 사실을 잊지 않고 하나님의 얼굴을 구하며 항상 가난한 마음으로 은혜를 구한다면 결코 심판을 받지 않을 것이다.

욕망을 따라 떠난 아들

목포 주물공장에서 나온 검은 흙과 연탄재를 버리던 하천이 기억난다. 어머니는 일하러 다니셨고 형들은 나이 차이가 많이 나는 어린 나와 놀아주지 않던 시절이었다.

하루는 근처 교회에서 영화를 보여준다고 해서 쫓아갔다. 정확하게 기억나지는 않지만 검은 판자로 얼기설기 만들어진 나무의자가 몇 개 놓여 있는 개척교회였다. 그런데 영화도 보여주지 않고 먹을 것도 주지 않았다. 친구들과 설교만 듣고 그냥 돌아왔는데 그때 받은 전도지에 실린 만화가 머리에서 떠나지 않았다. 아버지의 재산을 가지고 떠나서 방탕한 생활을 하다가 다시 돌아오는 둘째 아들에 관한 내용이었다. 그 만화에서 둘째 아들이 겪는 당황스러움이 내 마음 깊숙이 남았다.

'통제를 잃어버린 삶에 대한 당황스러움.'

나는 그때 하나님을 몰랐지만 아버지를 떠난 사람이 겪는 당황스러움이 뭔지는 알고 있었다. 어쩌면 내 마음속에는 늘 그런 감정이 있었는지 모르겠다.

'아무도 나를 도와줄 사람이 없다.'

그 두려움 때문에 하나님 아버지께 꼭 붙어 있었는지도 모른다.

누가복음 15장에 나오는 둘째 아들은 아버지에게 자기의 몫의 재산을 미리 달라고 말했다.

> 그 둘째가 아버지에게 말하되 아버지여 재산 중에서 내게 돌아올 분
> 깃을 내게 주소서 하는지라 아버지가 그 살림을 각각 나눠주었더니
> (눅 15:12)

그는 본래 아버지 재산에 관심이 많았다. 정확히 말하면 자신이 쓸 수 있는 돈에 관심이 많았다고 할 것이다. 그에게 아버지는 '돈이 많은 분'으로 인식되었다. 아버지의 재산을 받기까지 그와 아버지 사이에 인격적인 관계는 발견되지 않는다. 그는 마음대로 쓸 돈이 필요했고, 아버지는 그 돈을 가지고 있었다.

둘째 아들의 가장 큰 실수이자 첫 번째 실수는 아버지를 돈을 주는 분으로 알았다는 것이다. 둘째 아들의 마음에 돈이 가득하므로 아버지와의 관계가 돈을 매개로 형성된다. 아버지에게 돈을 받기 위해 무언가를 하는 관계가 되는 것이다. 사실 둘째 아들의 인생은 돈을 받기 전에 이미 끝난 것이나 다름없다. 아버지에게서 좋은 것을 배우지 못한 자식의 앞날은 불을 보듯 뻔하기 때문이다.

우리는 하나님을 누구로 알고 있는가. 머리로 아는 하나님이 아니라 자신의 마음이 아는 하나님 말이다. 기도할 때 주로 이야기하는 것들을 잘 분석하고 생각해보면 쉽게 알 수 있다. 하나님이 누구시며 그분을 어떻게 생각하는지에 관심을 갖는 기도, 즉 하나

님과의 관계를 발전시키기 위한 기도가 많은지 아니면 자신의 필요를 더 많이 이야기하는지 살펴보면 된다.

입만 열면 자신의 필요를 이야기하고 그 필요가 빨리 응답되지 않을 때 불손한 자세로 말하고 있다면, 심각한 잘못을 범하고 있는 것이다. 인간관계에서도 나의 욕심에 따른 필요를 채우기 위해서 누군가를 대하면 분명 관계에 심각한 문제가 생긴다. 만약 나의 필요를 위해 대했던 사람이 나보다 높은 위치에 있다면 반드시 복수를 당할 것이다. 이용당한 걸 알고 가만히 있을 윗사람은 없으니까 그는 반드시 무언가를 할 것이고, 그 사람의 말 한마디로 나의 인생은 심각한 타격을 입을 수 있다.

다행히도 하나님은 사람과 다르다. 하나님은 우리가 욕심으로 하나님 앞에 나아가도 우리를 바로 징계하시거나 관계를 끊지 않으신다. 하나님은 우리의 욕심에 반응하시지 않는다. 다만 욕심이 우리를 붙잡아 죄로 가게 만들어서 결과적으로 하나님과의 관계에 손상을 입히고 인생을 잘못된 방향으로 몰고 갈 뿐이다.

하나님은 이런 심각한 관계 손상을 때로 묵묵히 지켜보시며 우리가 스스로 돌이킬 때까지 기다리신다. 우리가 계속 욕심으로 무언가를 추구하며 하나님과 관계를 맺고자 한다면 하나님은 고통스럽게 지켜보실 것이다. 우리는 이 어처구니 없고 무서운 상황을 자각해야 한다.

돌이킬 기회는 있다

아버지의 마음을 알 리 없는 둘째 아들은 며칠이 안 되어 재물을 모아 떠났다.

그후 며칠이 안 되어 둘째 아들이 재물을 다 모아 가지고 먼 나라에 가 거기서 허랑방탕하여 그 재산을 낭비하더니 (눅 15:13)

그는 오래 기다릴 수 없었다. 우리도 마찬가지다. 어서 욕심을 채우고 빨리 그 일을 이루고 싶어 조급할 뿐이다.

둘째 아들은 먼 나라로 가서 거침없이 돈을 탕진하기 시작했다. 아버지와의 관계가 깨어지면 도저히 삶을 다스릴 수 없게 된다. 삶이 자신의 통제를 벗어났다면 반드시 살펴야 하는 것이 아버지와의 관계이다. 설사 좋은 일이라도 하나님 아버지와의 관계를 위협한다면 해서는 안 된다. 하물며 좋지 않은 일로 시간을 보내면서 아버지와의 관계를 소홀히 하고 있다면 빠져나오기 힘든 올무에 걸리는 것은 시간문제다.

아버지와 관계가 온전하지 않는 사람에게 좋은 마음과 생각은 오지 않는다. 설사 잠깐 좋은 마음으로 좋은 생각을 한다 해도 두려움과 욕심을 통제할 만큼 강력한 힘을 갖지 못한다.

아버지와 끊어진 관계의 가장 큰 타격은 내면의 안정감 상실이다. 온갖 욕심이 올라오고 원수가 우리 마음에 안 좋은 생각들로 쉽게 공격할 수 있게 된다. 늘 두려움과 욕심을 오가며 바람에 나는 거와 같이 안정감 없는 마음으로 순간의 만족을 위하여 돈과 시간을 낭비하게 된다. 자신의 돈과 시간 씀씀이를 살펴보라. 만약 시간과 돈에 대하여 안정감 있는 통제가 상실되었다면 지금 하나님 앞에서 자신의 내면이 안정감 있게 통제되고 있지 않을 가망이 높다.

다 없앤 후 그 나라에 크게 흉년이 들어 그가 비로소 궁핍한지라
(눅 15:14)

결국 욕심은 파산과 함께 끝을 맞이했다. 아버지를 떠난 사람은 파산을 맞기까지 멈추지 않는다. 문제는 그렇게 되어도 그 심각성을 깨닫지 못한다는 것이다. 둘째 아들은 재산을 다 없애고도 느끼지 못하다가 그 나라에 큰 흉년이 들어서야 비로소 궁핍함을 알게 되었다. 흉년이 든 나라에서 돈 떨어진 외국 사람의 처지를 생각해보라. 그는 완전히 인생의 끝으로 가고 말았다.

인생의 막다른 골목에서 많은 이들이 어리석은 결정을 내리는 경우가 있다. 한때 자신의 결백을 주장하기 위해 자살을 선택하는 사람들이 있었다. 자신이 끝내면 정말 끝나는 것이라고 생각하는

가. 자신의 욕심대로 하다가 그 욕심대로 결론을 내리겠다는 것은 너무 악하다. 관대하신 하나님 앞에서 자신의 실수를 인정하고 처분을 기다려야 한다. 상황이 바뀔 날이 반드시 온다. 우리가 돌아가기만 한다면 하나님은 다른 길과 방법을 준비하고 계시기 때문이다.

내 욕심대로 하고 그대로 마치는 것은 아버지를 두 번 고통스럽게 하는 일이다. 한번 욕심껏 아버지를 고통스럽게 했으면 되었지 또 마음대로 인생을 결정해서 아버지가 자식을 가슴에 묻게 해서는 안 된다. 스스로 상황을 종결시키지 말고 관대하신 하나님 아버지의 손길을 기다리라. 죄가 있으면 회개하고 돌이켜 회복하는 것이 기독교다.

모든 것이 없어지고 흉년이 들어서 살 수 없게 된 둘째는 돼지 먹이를 먹고 있었다. 아버지를 떠난 사람이 제대로 된 밥을 먹고 있는 것 같지만 실은 돼지가 먹는 사료와 같은 걸 먹고 있는 것이다. 생명이 아니라 사망이다. 여기서 사망이란 자신의 욕심을 이루지 못한 상태가 아니라 아버지와의 관계, 즉 생명의 관계가 끊어진 것을 가리킨다.

> 이에 스스로 돌이켜 이르되 내 아버지에게는 양식이 풍족한 품꾼이 얼마나 많은가 나는 여기서 주려 죽는구나 (눅 15:17)

둘째 아들은 스스로 돌이켰다. 정말 잘한 일이다. 악인은 스스로 돌이키지 못한다. 가인이 그랬고, 사울이 그랬고, 가룟 유다가 그랬다. 그들은 악하게 마음먹고 끝까지 악하게 행동했으며 스스로 상황을 종결시켰다. 그나마 가인이 사울이나 가룟 유다와 최후가 다른 것은 그가 자신의 행동에 대해서 깊은 두려움 가운데 하나님께 빌었고 하나님의 보호를 받았기 때문이다. 아버지 하나님은 좋으신 분이다. 동생을 살인한 사람도 보호해주신다.

하나님 아버지는 과거에 무슨 일이 있었어도 우리가 돌아오기만 한다면 받아주신다. 우리는 돌아가야 한다. 둘째 아들이 조금이라도 일찍 돌아갔다면 더 좋았을 것이다. 혹 지금 아버지를 떠났는가? 그렇다면 하루 빨리 아버지 앞으로 돌아가라. 아니라고 느낀 그 즉시 안전한 하나님 아버지의 품으로 돌아가야 한다.

아버지의 눈물

'내가 한 일이 있는데 어떻게 돌아갈 수 있단 말인가!'

이런 생각은 언뜻 양심적으로 보이지만 하나님의 성품을 의지하지 않는 자기 의로움이다. 사람은 자신의 행위로 하나님 앞에 설 수 없다. 선하신 아버지의 성품을 믿고 돌아가는 것이다.

둘째 아들은 아버지의 성품을 믿고 돌아갔다. 만약 그가 아버지의 성품을 신뢰하지 않았다면 인생의 막다른 골목, 즉 돈이 떨어진 외국에서 최후를 맞았을 것이다. 그러나 그에게는 비록 아들로는 돌아가지 못한다 하여도 아버지가 받아주실 것이라는 마지막 기대가 있었고 그것은 아버지를 향한 신뢰였다. 그 작은 신뢰가 그를 인생의 나락에서 건져 올리는 강력한 계기가 되었다.

자신의 행동과 상관없이 돌아가는 것이 중요하다. 사람은 다 문제가 있다. 오직 하나님 한 분만이 선하시다. 그분은 우리의 행동을 근거로 판단하시지 않고 자신의 성품을 따라 우리를 돌보신다.

아버지의 성품을 경험했던 둘째 아들은 결국 돌아가기로 결정했다. 그의 인생에서 최고로 훌륭한 결정이었다.

> 이에 일어나서 아버지께로 돌아가니라 아직도 거리가 먼데 아버지가 그를 보고 측은히 여겨 달려가 목을 안고 입을 맞추니 (눅 15:20)

아버지는 한시도 아들을 잊은 적이 없고 아들이 멀리서 보일 때부터 달려나간 것으로 보아 아들이 나간 뒤로 문을 잠그지 않고 기다린 것이 아닐까 싶다. 아버지는 자녀를 측은히 여긴다. 하나님은 우리의 아버지이시다.

내가 잘 아는 출판사 사장님의 이야기가 생각난다. 그는 어려서 가출한 적이 있는데 막상 집을 나와보니 갈 곳이 없었다고 한다. 자장면 집에 취직하려고 했는데 잘 되지 않았고, 잘 곳이 없어 버스 종점에서 밤을 맞이했다. 결국 힘들어서 집에 전화를 했고 부모님이 오셨을 때 그는 아버지에게 혼날 것이 두려워서 아버지를 피했다고 한다. 그런데 아들을 본 아버지가 먼저 달려와서 그를 와락 안았다는 것이다.

"그때 내 뺨을 타고 흐르던 아버지의 눈물이 하나님 아버지의 눈물이었던 것 같아요."

이야기를 듣는 나도 눈물이 났다. 아버지의 눈물, 아버지는 실수한 아들의 고통에 눈물을 흘리신다.

살아 돌아온 아들을 위해 아버지는 잔치를 벌인다.

아버지는 종들에게 이르되 제일 좋은 옷을 내어다가 입히고 손에 가락지를 끼우고 발에 신을 신기라 그리고 살진 송아지를 끌어다가 잡으라 우리가 먹고 즐기자 (눅 15:22,23)

아버지는 처음부터 아들에게 관심이 있었지 아들이 재산을 어떻게 했는지는 관심 밖이다. 아버지가 재산에 대한 마음이 있었다면 돌아온 아들을 위해 잔치를 벌일 수는 없다.

아버지는 아들이 살아 돌아온 것이 가장 행복하고 좋았다. 아버지는 그런 분이다. 제일 좋은 옷은 가장 좋은 보호를 상징한다. 아버지는 가장 좋은 옷을 아들에게 입혔고, 이로써 사람들에게 그

아들이 어떤 존재인지 각인시켰다.

물론 옷을 입은 둘째는 허물을 가려준 아버지의 사랑을 경험하면서 어느 누구보다 신분의 변화를 느꼈을 것이다. 그는 아버지에게 상처를 주었고, 혹시 아버지가 선을 베푸신다면 아들이 아니라 종으로라도 머물 수 있기를 바라야 하는 처지였다. 그러나 아버지는 여전히 그의 아버지였고, 그는 아버지의 아들이었다.

큰아들의 실수

한편 아버지에게는 큰아들이 있었다. 한참 잔치로 모두가 즐거워하고 있을 때 밭에서 일하던 장남이 돌아왔다. 그의 눈에 이해할 수 없는 광경이 펼쳐지고 있었다.

> 맏아들은 밭에 있다가 돌아와 집에 가까이 왔을 때에 풍악과 춤추는 소리를 듣고 한 종을 불러 이 무슨 일인가 물은대 (눅 15:25, 26)

그는 상황을 물은 것이 아니었다. 이미 그의 마음은 쉽지 않았다. 열심히 밭에서 일하고 오니 휘영청 밝은 불빛 아래 송아지를 잡고 잔치가 벌어졌다. 장남이 모르는 잔치가 있을 수 있단 말인가. 더군다나 둘째가 나간 뒤로 집안에 즐거운 적이 없었는데 뭔가 잘못되고 있었다. 이 기막힌 상황에서 옷에 흙을 묻히며 일한 그의 수고는 더없이 초라해졌다. 결국 그는 화를 내고 말았다.

> 그가 노하여 들어가고자 하지 아니하거늘 아버지가 나와서 권한대
> (눅 5:28)

큰아들은 마음이 상했다. 충분히 그럴 수 있다. 그는 잔치에 들어가지 않았다. 자신의 수고를 알아주지 않는 아버지에 대한 섭섭함을 감출 수 없었고, 모든 사람들이 보는 앞에서 아버지의 행동에 정식으로 반기를 든 것이다. 그는 아버지에게 울분을 토했다. 뼈 빠지게 일한 자기에게는 염소 새끼도 준 적이 없는데 창녀들에게 재산을 탕진하고 온 둘째를 위해 송아지를 잡았다는 것이다.

충분히 화를 낼 수 있는 상황임에는 틀림없다. 하지만 큰아들의 가장 큰 문제는 아버지의 마음을 모른다는 것이다. 아버지가 둘째 아들과 큰아들에게 원하는 것이 다르다. 재산을 탕진한 둘째는 살아 돌아온 것만으로도 기쁘지만, 큰아들은 아버지를 대신해 집을 책임지고 경영해야 하는 사람이었다. 아무리 둘째를 사랑한다 해도 그에게 집을 맡기기는 어렵다. 그는 모든 사람들이 알만한 큰 약점을 가지고 있었기 때문이다.

한편, 아버지 대신 집을 이끌어가야 하는 큰아들에게 너그러움과 영혼을 향한 사랑이 없는 것이 아버지에게는 큰 슬픔이다. 그

가 넓은 마음으로 동생을 보호하고 집안을 잘 경영하여 더 번성하게 할 수 있다면 큰아들의 시대가 올 것이었다. 그러나 그는 자신의 행동을 근거로 아버지의 행동을 판단하고 공개적으로 비난하면서 공격했다. 큰 실수다. 화를 낼 수는 있지만 아버지에게 대들어서는 안 된다.

'나는 수고하는데 너희들은 놀고먹어?'

그는 자신이 집을 맡을 사람으로서 어떻게 해야 하는지 잘 몰랐다. 그에게는 사랑이 없었고 그것은 집안을 이끌어 가는 데 치명적인 약점이다. 비록 동생처럼 재산을 탕진하지 않았다 해도 큰아들의 행동은 아버지를 슬프게 한다.

자신의 행동을 근거로 아버지 앞에서 자신의 정당성을 주장해서는 안 된다. 아버지 앞에서 자신의 의로운 행동을 내세울 수 있는 사람은 없다. 아버지가 베푸시는 은혜를 뭐라 말할 수 있는 사람도 없다.

내가 모르는 잔치가 벌어지고 있다고 해도 자신의 감정으로 잔치를 망가뜨리면 안 된다.

"아버지, 기쁘시겠네요. 둘째가 돌아와서 좋으시죠!"

이렇게 말하면서 덩실덩실 어깨를 흔들며 춤추어야 한다.

'아버지께서 원하시면 바로 해야지.'

이 마음을 가져야 한다. 우리의 가장 큰 실수는 아버지의 마음을 모르고 내 마음대로 하는 것이다. 아버지는 맞고 나는 틀리다는 걸 항상 잊지 말아야 한다. 가끔 내가 맞을 때도 있지만 그 역시 아버지가 맞다고 해야 맞는 것이다. 내가 아무리 맞아도 아버지가 근심하신다면 즉시 중단해야 한다.

좋은 부모의 도움 아래 성장하지 못한 사람들의 가장 큰 약점이 불신이다. 어려서부터 어른들의 잘못된 판단을 보고 자란 사람은 마음 안에 이미 어른들의 판단에 대한 불신이 있다. 이런 마음이 하나님에게까지 작동되면 하나님의 판단을 순전하게 받아들이지 못하는 문제가 일어난다. 그런 사람에게 가장 큰 훈련은 순종이다. 내 생각과 다를 때 하는 순종이 진짜다.

사랑을 배신한 사람들

아버지에게는 아들들의 행동이 기준이 아니다. 사랑이 기준이다. 둘째가 재산을 탕진해버렸기 때문에 징계를 받아야 하는 것이 아니고 큰아들이 수고했기 때문에 상을 받아야 하는 것이 아니다. 아버지와의 관계를 깨트리고 삶이 무너졌던 둘째 아들은 아버지의 사랑이 필요하고, 성실하게 일한 큰아들은 아버지에게 자랑스러운 아들이 되어야 한다. 아버지께서 위로하는 아들도 있고 자랑스러워하는 아들도 있다.

자신이 조금 잘한 것을 근거로 아버지의 판단을 비난하는 것이 아니라 아버지의 마음을 이해하고 아버지를 기쁘시게 하는 것이 아들로서 해야 할 일이다. 어떤 사람은 자신의 허물을 보호받고 위로받은 후에 자신이 큰아들인 양 행동하는데, 끔찍한 일이다.

진리는 객관적으로 존재하는 수학공식이 아니다. 살아계신 하나님 아버지의 인격적 판단이 진리이다. 그러므로 우리는 항상 아버지의 마음을 알도록 힘쓰고, 다 모른다 해도 최대한 순종해야 한다. 사람은 본래 자기 뜻이 있고 또 자기 마음대로 하는 존재이다. 하나님은 그런 사람들의 뜻을 존중하신다. 그럼에도 아버지의 마음을 알고, 순종하고자 애쓴다면 아버지와 특별하고 친밀한 관계를 맺게 될 것이다.

한 남편이 있다. 그는 다른 사람들에게서 욕을 먹고 나쁜 사람이라는 평가를 받는다. 그런 사람을 남편으로 둔 아내는 남편을 향하여 어떻게 해야 하는가? 강의하러 가서 물어보면 대부분 그런 남편이라도 보호하겠다고 한다. 좋은 아내들이다. 세상에서 욕을 먹는 남편이어도 아내는 보호하려고 한다. 그런 부부는 서로 사랑하고 의지하는 견고한 관계를 맺고 있다. 남편은 아내에게 "세상에서 나를 받아준 사람은 당신밖에 없어"라고 말할 것이다.

그런데 남편이 위기에서 벗어나 세상에서 인정과 칭찬을 받게 되자 과거의 일들은 잊어버리고 아내를 예전과 같이 사랑하지 않는다면 어떨까? 자매들에게 물어보면 견디지 못한다는 것이다.

남편이 밖에서 인정받고 심지어 좋은 사람이라는 평가를 받아도 아내와의 관계에서 사랑이 식는다면 아내는 견디지 못한다. 사랑은 그런 것이다. 배타적이고 독점적이다. 위기에서 벗어난 남편이 밖으로 돌면서 아내와 깊은 대화를 하지 않으면 아내는 좌절감을 느낀다. 최고로 사랑하지 않으면 상처받는다.

세상 모든 사람들이 욕할 때 내 편을 들어주었던 사람을 최고로 대하지 않으면서 문제의식을 느끼지 않는 사람이 있을까. 하지만 하나님과의 관계를 변질시킨 사람들이 화나고 상처를 받으신 하나님을 향하여 아무런 문제의식 없이 자신의 필요를 형식적으로 이야기하는 기막힌 상황에 대해선 어찌 설명할 것인가.

눈치가 빠르다면 지금 우리가 사랑을 배신한 사람들임을 알 것이다. 죄 짓고 세상에서 힘들게 살다가 살만해지면 하나님과의 관계를 쉽게 저버리는 사람들을 향한 하나님의 분노가 하늘을 찌르고 있다.

하나님은 우리와의 관계를 최고로 중요하게 여기신다. 하나님은 이스라엘 중에 거하시고 함께 있고 싶어서 그들을 이집트에서 이끌어내셨다. 그리고 광야에서 40년 동안 만나를 먹이신 것은 그들이 철저히 하나님만을 의존하는 삶을 살게 하고 싶으셨기 때문이다. 그러나 이스라엘 백성들은 가나안에 들어가서 살만해지자 하나님의 우려대로 속히 하나님을 떠났다. 그들은 사랑을 저버리고 배신했으며 소중히 여기지 않았다. 그런 그들을 기다리는 것은 이방 나라들의 심판이었다.

아버지의 품을 떠난 사람은 아버지가 여전히 사랑하셔도 스스로의 잘못 때문에 고생하게 된다. 둘째 아들이 집을 떠나 다른 나라로 가서 허랑방탕할 때도 그의 아버지는 여전히 자식을 사랑했다. 그러나 둘째 아들은 스스로 저지른 죄악과 무지로 말미암아 나올 수 없는 구렁에 빠졌고, 이방 사람들은 돈 떨어진 그를 들로 보내어 돼지를 치게 했다. 그 상실감과 모욕을 당해 봐야 안단 말인가. 이쯤에서 돌이킬 수 없는가.

내가 하나님을 누구로 알고 있고 어떻게 섬기고 있는지 잘 점검해야 한다. 말은 존중한다고 하는데 자기 마음대로 대한다면 그 상실감은 이루 말할 수 없다. 차라리 말도 함부로 하는 것이 상처가 덜 할 것이다. 사랑이 예전 같지 않고 형식적인 관계일 뿐인데 여전히 사랑하고 있다고 고민 없이 말하고 행동한다면 상대방이 가지는 갑갑함과 분노는 어찌할 것인가. 심지어 내가 필요한 것 왜 안 주냐고 말할 때의 그 뻔뻔함은 어떡할 것인가.

자신의 삶에 큰 문제가 없고 큰 죄를 짓지 않았어도 하나님 아버지와의 관계가 전과 같지 않다면 회개와 각성이 필요하다. 입으로만 섬기는 하나님은 진짜 하나님이 아니다.

관계가 회복되려면 자신에게 정직해야 한다. 나는 하나님을 어떻게 대하고 있으며, 그분과의 관계가 어떻게 진행되어 왔는가를 정직하게 봐야 한다.

2장
의존을 막는 장애물을 치워라

보호의 경험

하나님은 이스라엘 백성에게 무거운 것을 요구하지 않으셨다. 이스라엘의 하나님이 되고 싶다는 단순한 부탁이었다. 하나님을 의존하는 백성을 삼고 싶으셨던 하나님의 뜻은 번번이 좌절되었지만 학사(學士) 에스라와 같이 영웅적인 사람들이 등장하기도 했다.

그때 내가 그곳 아하봐 강가 우리 하나님 앞에서, 우리와 우리 어린아이들과 우리 모든 재산을 위한 바른길을 찾으려고 우리 자신을 괴롭게 하는 금식을 선포했다. 이는 우리가 전에 '우리 하나님의 손은 그를 찾는 모든 자 위에 선하게 있고 그의 권능과 진노는 그를 버리는 모든 자 위에 있을 것이다'라고 왕에게 말했으므로, 그 길에서 원수로부터 우리를 도울 보병과 기병을 내가 왕에게 요청하기를 망설였기 때문이었다. 그리하여 우리가 금식하고 이에 관하여 우리 하나님을 찾았더니 그가 우리의 간구를 들어주셨다. (스 8:21-23 《히브리어 직역 구약성경》)

에스라는 하나님을 찾는 사람에게 베푸시는 하나님의 보호와 능력을 잘 알고 있었고, 하나님을 찾지 않는 사람이 받는 고통 또한 알고 있었다. 그는 그것을 알고 있었을 뿐 아니라 왕을 비롯한 사람들에게 하나님은 자신을 찾는 사람을 보호하신다는 것을 가르치는 사람이었다.

그는 많은 사람들과 함께 포로생활에서 벗어나 예루살렘 귀향을 이끄는 지도자로서 하나님만을 의존하는 삶을 실제로 보여주어야 했다. 특별히 어린아이들까지 데리고 적들에게 공격당할 수 있는 위험한 길을 군대의 보호 없이 가야 했다. 왕에게 군대를 요청하지 않은 것은 그가 평소 가르쳤던 내용들에 책임감을 느끼고 있었기 때문이다. 그는 하나님을 믿는 것과 아는 일에 하나가 된 사람이었다.

그는 믿음의 실제를 경험했고, 그의 삶은 말씀에서 벗어나지 않았다. 말씀은 경험되어야 한다. 말씀이 지식으로만 남으면 믿는 것과 아는 것이 하나되지 않는다. 경험하여 아는 것이 진정한 앎이다. 하나님을 찾는 사람들을 위해 하나님께서 선하신 능력을 베푸신다는 것을 경험해야 그 말씀이 진짜 삶의 규범이 될 수 있다.

믿는다고 하는데 실제로 경험된 것이 아니어서 그 말씀이 삶의 규범이 되지 않고 머리에만 머물러 있는 것은 성숙한 사람이 아니다. 머리로 알아서 아는 척하지만 실제로는 모르기 때문에 이중적 삶이 된다. 아예 몰랐으면 차라리 나았을 것이다.

말씀이 경험되었다 해도 삶의 도전들은 늘 새롭다. 이전에 경험했다고 다음에 쉽게 되는 것이 아니다. 에스라가 포로생활을 하면서 하나님을 찾는 사람들을 도우시는 하나님의 선하신 손과 능력을 얼마나 많이 경험했겠는가. 하지만 문제는 늘 새롭고 위험한 요소를 가지고 있다. 하나님의 성품과 뜻을 경험한 살아있는 믿음을 가진 자라야만 이 문제를 이겨낼 수 있다.

의존 훈련

하나님은 자신을 의지하지 않는 사람을 싫어하신다. 사람들은 하나님을 의지하지 않는 것이 얼마나 하나님을 진노하게 하는지 잘 모른다. 그래서 하나님을 의지한다고 자기 마음대로 일을 저지르는 위험천만한 행동을 한다. 삶의 과정에서 하나님을 의지하는 법을 배우고 익힌 사람은 반드시 그것을 최우선 과제로 알고 실천

해야 하는 의무가 있다.

우리는 너무 쉽게 하나님 의존을 버리고 자기 마음대로 하면서 아무 문제가 없는 줄 안다. 에스라는 위험이 뻔히 보이는 상황에 처해 있었다. 만약 적군의 공격이 있었다면 도저히 어떻게 해볼 수 없는 상황이었다. 그런데도 왕에게 군대를 요청하지 않은 것은 하나님을 더 무서워했기 때문이다. 그는 하나님의 진노를 무서워했고 하나님의 성품과 뜻을 아주 많이 알고 있었다. 그는 믿음도 좋았지만 지혜롭기도 했다.

그는 아하봐 강가에서 금식을 선포했다. 금식을 하면서 스스로를 하나님 앞에서 낮춘 결과, 그는 하나님의 약속을 받았고 무사히 예루살렘으로 돌아가게 된다. 금식과 기도의 과정에서 하나님께서 어떻게 응답하셨는지는 알려지지 않는다. 이 모든 과정에서 하나님의 실제적인 개입이 나타나지 않기 때문이다. 다만 하나님께서 에스라의 모든 행동을 살펴보시는 것 같은 느낌이 든다. 얼마나 하나님을 의지하는지를 그의 말이 아니라 삶의 선택에서 보고 싶어 하시는 하나님의 조용한 감찰이 느껴진다.

한 목사님이 계신다. 내가 교회를 개척할 때 예배당을 지원해주시고, 갑작스럽게 여름 서츠를 맞춰 입도록 양복점을 알려주시고, 크리스천 잡지 일 년 정기구독을 시켜주셨던 분이다. 시시로 불쑥 전화하셔서 필요한 것 없냐고 물으시기도 한다. 어려운 사역지와 사역자를 비롯해 재난을 당한 사람을 열심히 돕는다고 소문이 나서 다른 분들에겐 쉽게 연락하지 못하시면서도 내게는 직접 연락을 주시는 고마운 분이다.

그래서인지 목사님의 핸드폰 번호는 도움이 필요하면 언제라도 연락하라는 비상버튼 같다. 도와달라고 말할까 몇 번을 망설였다. 그래서 번호를 지웠다. 혹 번호가 있으면 마음이 복잡할 때 갑자기 전화해서 횡설수설 할지도 모르기 때문이다. 나는 그동안 그런 실수를 여러 번 했다. 도움이 필요한 때 하나님보다 사람을 의지했다가 어려움을 겪었다.

신대원에 다닐 때 학기마다 300여만 원 하는 납부금과 싸우는 것이 힘들었다. 언젠가 개인 인터넷 카페에 있는 회원들에게 단체 메일을 보낸 적이 있었다. 부담 갖지 말고 납부금을 위해 기도를 부탁한다는 내용이었다. 카페 회원들은 주로 강의하러 갔다가 연결된 사람들이었다. 강의 후 양복을 해주겠다는 사람도 있었지만 어쩐지 마음이 일어나지 않아서 받지 않기도 했다. 납부금을 위한 기도 부탁 메일은 아무런 답이 없이 종료되었다.

나중에 아는 형이 내게 물었다.

"너 혹시 납부금 때문에 힘드냐?"

괜찮다고 말씀드리고 지나갔는데 후에 다른 형제를 통해서 '김길이 사람들에게 메일 보내서 납부금 도와달라고 부탁한다'는 말이 돌아다닌다는 사실을 알았다.

'아, 그래서 형이 자꾸 물어보았구나.'

난 단순히 카페 회원들에게 기도 부탁을 했을 뿐이라고 변명했지만 부끄러웠다. 하나님이 도우시는 손길이 아닌 사람의 방법으로 도와달라고 하면 그렇게 된다. 물론 도와달라고 말할 수 있는 방법은 여러 가지다. 그러나 급한 마음에 인간적인 방법으로 실수할까봐 염려가 된다.

에스라가 왕에게 도움을 청했다면 아마 일이 꼬였을 것이다. 가장 먼저 하나님과의 관계에서 문제가 일어난다. 또한 도움을 청했으나 왕이 도와주지 않게 되면 에스라는 왕의 신뢰를 일부분 잃게 될 뿐 아니라 함께했던 무리들에게도 신뢰를 잃어 지도력에 심각한 손상을 입게 될 것이 자명했다. 그러면 예루살렘 귀환 자체가 흔들릴 수도 있다. 일은 그렇게 망가지는 것이다. 왕에게 도움 한 번 요청한 것이 대사를 그르치게 할 수 있다.

하나님이 모든 일에 주도권을 가지고 계시기 때문에 하나님 의존에 문제가 생기면 모든 것에 문제가 생긴다. 이는 절대적이다. 그런데도 사람들은 의존의 문제를 소홀히 여긴다.

원수의 공격

예수님은 40일 금식 후에 광야에서 원수의 공격을 받으셨다. 원수가 예수님께 돌덩이가 변하여 떡덩이가 되게 하라고 말했을 때 예수님은 신명기 말씀을 인용해서 답변하셨다.

> 예수께서 대답하여 이르시되 기록되었으되 사람이 떡으로만 살 것이 아니요 하나님의 입으로부터 나오는 모든 말씀으로 살 것이라 하였느니라 하시니 (마 4:4)

그때나 지금이나 원수는 말씀으로 살지 말고 떡으로 살라고 유혹한다. 원수는 집요하게 먹고사는 문제에 있어서 하나님을 의존하지 말고 돈으로 살라며 우리를 공격한다. 당연히 하나님은 이 영역에서도 우리가 그분을 의존하기를 원하신다. 하나님을 의존해서 살 것인가 아니면 돈이나 다른 것을 의존해서 살 것인가의 전쟁이다.

하나님을 의존하는 삶을 살지 않을 때는 원수를 의존해서 살게 될지도 모른다. 하나님을 의존하지 않을 때 우리는 반드시 무언가를 의존해서 살기 마련이다. 자기 의로움이든 원수의 유혹이든 그 무엇이라도 하나님은 당신 자신을 의존하지 않는 것을 가장 싫어하신다.

하나님은 이스라엘 백성들에게 '하나님을 전적으로 의존하는 것'에 대해 가르치고 싶어 하셨다.

네 하나님 여호와께서 이 사십 년 동안에 네게 광야 길을 걷게 하신 것을 기억하라 이는 너를 낮추시며 너를 시험하사 네 마음이 어떠한지 그 명령을 지키는지 지키지 않는지 알려 하심이라 너를 낮추시며 너를 주리게 하시며 또 너도 알지 못하며 네 조상들도 알지 못하던 만나를 네게 먹이신 것은 사람이 떡으로만 사는 것이 아니요 여호와의 입에서 나오는 모든 말씀으로 사는 줄을 네가 알게 하려 하심이니라 (신 8:2,3)

예수님도 광야에서 시험받으셨고, 이스라엘 백성도 40년 동안 광야 길을 걸었다. 우리도 광야의 시간을 보내야 한다. 하나님이 광야에서 우리를 가르치시고 훈련시키시기 때문이다. 광야는 내가 낮아지는 곳이다. 더 정확하게는 하나님이 나를 낮추시는 곳이다. 하나님이 나를 고의로 낮추실 때가 있다는 것을 알아야 한다. 과거에 잘되던 것들이 안 되고 나에게 기회가 주어지지 않는 때가 있다. 하나님조차 나를 잊고 계신 것 같은 시간이 있다. 그러나 실은 그때 하나님과 가장 가까이 있다고 보면 된다.

광야에서는 기도하고 세밀하게 응답받지 않으면 일이 되지 않는다. 철저히 무능력하기 때문에 하나님의 능력이 없으면 살 수 없는 구조가 되어버린다. 하나님 앞에서 낮아지고 능력이 없어지는 것을 두려워하면 광야를 보낼 수 없다.

광야가 없다는 것은 훈련이 없다는 것이고, 훈련이 없는 사람에게 가나안은 허락되지 않는다.

또한 하나님은 광야에서 나를 주리게 하신다. 사람은 인정받지 못하고 배고플 때 진정 자신이 누구인지 알 수 있다. 하나님은 인정받지 못하고 굶주린 상태에서 우리가 하나님을 의지하는지, 하지 않는지 보고 싶어 하신다. 광야의 시간에 배고플 수 있다. 배고픔을 이상하게 생각하면 안 된다. 낮아지는 때가 있는 것처럼 배고픈 경우도 있다. 낮아지고 배고픈 것을 통하여 하나님께서 우리에게 가르치시고 싶은 것이 무엇인지 알아야 한다.

네 하나님 여호와를 기억하라 **그가 네게 재물 얻을 능력을 주셨음이라** 이같이 하심은 네 조상들에게 맹세하신 언약을 오늘과 같이 이루려 하심이니라 (신 8:18)

내가 재물을 얻은 것은 하나님이 능력을 주셨기 때문이다. 내 능력으로 된 것이 아니라는 사실을 잊지 말아야 한다. 하나님은 우리가 먹고사는 것에서 철저히 하나님의 능력과 주권을 인정하기 원하신다. 만약 이 부분에서 문제가 생기면 그것은 바로 우상숭배로 가게 된다.

네가 만일 네 하나님 여호와를 잊어버리고 다른 신들을 따라 그들을

섬기며 그들에게 절하면 내가 너희에게 증거하노니 너희가 반드시 멸망할 것이라 (신 8:19)

사람에게 먹고사는 문제는 늘 중요하다. 그러므로 사람은 먹고사는 문제를 누군가에게 의지하게 되고 하나님이 아닌 다른 것을 우상으로 섬기게 되기 쉽다. 하나님은 이 사실을 아셨기 때문에 사람을 훈련시키신다. 먹고사는 문제를 하나님께 의존해서 살게 하심으로써 하나님을 의존하여 사는 방식에서 벗어나지 않기를 원하시는 것이다. 하나님은 이스라엘 백성들을 염려하셨다.

네가 먹어서 배부르고 아름다운 집을 짓고 거주하게 되며 또 네 소와 양이 번성하며 네 은금이 증식되며 **네 소유가 다 풍부하게 될 때에 네 마음이 교만하여 네 하나님 여호와를 잊어버릴까 염려하노라** 여호와는 너를 애굽 땅 종 되었던 집에서 이끌어내시고 (신 8:12-14)

사람의 교만은 먹고사는 데 문제가 없을 때 일어난다. 교만은 하나님을 의지하지 않는 것이다. 무언가 부족함이 없는 사람들의 교만함을 안다. 겉으로 겸손한 척해도 부족해서 의지해본 적이 없는 사람이 가지는 교만이다. 교만함은 마음의 내용이다. 말하지 않아도 그 마음으로 하나님을 의지하지 않는 사람은 교만한 사람이다. 그들은 먹고사는 데 문제가 없어서 하나님을 의지하지 않게 됨으로써 하나님을 잊어버린다. 사람의 이런 속성을 하나님은 이미 알고 계신다.

> 그러나 네가 마음에 이르기를 내 능력과 내 손의 힘으로 내가 이 재물을 얻었다 말할 것이라 (신 8:17)

하나님 의존에서 벗어나면 바로 자신이 드러난다. 내가 한 것이고 나의 능력이다. 그러나 곧 그 한계를 알게 되기 마련이다.

의존을 방해하는 주요인

사람이 자신의 한계를 두려움으로 보게 될 때 우상으로 가게 된다. 두려움에 붙잡힌 마음은 원칙을 회복하기에는 너무 조급하고, 우상은 거룩함과 상관없이 먹고살게 해준다고 유혹하기 때문에 하나님을 의지하는 법을 잊어버린 사람은 우상을 의지하게 되는 것이다. 그러나 본래 하나님이 우리를 위해 계획하신 것은 가나안이다.

> 너는 사람이 그 아들을 징계함같이 네 하나님 여호와께서 너를 징계하시는 줄 마음에 생각하고 네 하나님 여호와의 명령을 지켜 그의 길

을 따라가며 그를 경외할지니라 네 하나님 여호와께서 너를 아름다운 땅에 이르게 하시나니 그곳은 골짜기든지 산지든지 시내와 분천과 샘이 흐르고 밀과 보리의 소산지요 포도와 무화과와 석류와 감람나무와 꿀의 소산지라 **네가 먹을 것에 모자람이 없고 네게 아무 부족함이 없는 땅이며** 그 땅의 돌은 철이요 산에서는 동을 캘 것이라 네가 먹어서 배부르고 네 하나님 여호와께서 옥토를 네게 주셨음으로 말미암아 그를 찬송하리라 (신 8:5-10)

가나안은 먹고사는 문제에서 하나님 의존을 철저히 훈련한 사람이 차지하는 곳이다. 아브라함이 그랬고, 이삭과 야곱이 그러했다. 하나님에게 가나안을 약속받은 조상들은 철저히 하나님을 의존하는 삶을 살았다.

가나안에 살았던 아브라함은 흉년이 왔을 때 애굽으로 내려갔다. 내려가면서 하나님과 어떤 관계 안에 있었는지에 대해서 성경은 분명하게 말해주지 않는다. 어쨌든 아브라함은 애굽으로 갔고 아리따운 부인을 누이라고 했다가 애굽 왕에게 빼앗기는 수모를 당했다. 시간이 흘러 그의 아들 이삭도 흉년을 만났다.

아브라함 때에 첫 흉년이 들었더니 그 땅에 또 흉년이 들매 이삭이 그랄로 가서 블레셋 왕 아비멜렉에게 이르렀더니 여호와께서 이삭에게

나타나 이르시되 애굽으로 내려가지 말고 내가 네게 지시하는 땅에 거주하라 (창 26:1,2)

하나님은 이삭에게 애굽으로 내려가지 말라고 말씀하시면서 축복을 약속하셨다. 땅을 차지하고, 자손이 번성케 된다는 약속이었다. 이삭은 하나님의 명령에 순종했다.

그러나 순종에 달콤한 약속만 있는 것은 아니었다. 그는 생존의 위협을 믿음으로 이겨내야 하는 시련을 통과해야 했다. 하나님이 명하신 땅이라도 흉년을 이기는 것이 쉽지 않았다. 애굽에 간다 해도 그의 아버지 아브라함과 동일하게 아내를 빼앗길 수 있는 위험이 있었다. 더군다나 남의 땅에서 생존을 위협당할 만큼 텃세에 시달릴 수 있었다. 그럼에도 이삭은 순종했고 결과는 대박이었다.

이삭이 그 땅에서 농사하여 그 해에 백 배나 얻었고 여호와께서 복을 주시므로 그 사람이 창대하고 왕성하여 마침내 거부가 되어 양과 소가 떼를 이루고 종이 심히 많으므로 블레셋 사람이 그를 시기하여 (창 26:12-14)

그해에 농사를 지어 백 배나 얻은 것은 아마도 이삭에게만 허락된 복이었을 것이다. 모든 밭에 백 배의 소출이 있었다면 뉴스거리가 되지 않는다. 이삭은 여호와의 특별한 축복을 받아서 거부(巨富)가 되었다(이로 인해 블레셋 사람들의 시기도 받긴 했지만).

재정을 통제하라

흉년이 올 때 우리의 선택을 살펴볼 필요가 있다. 예수전도단 간사를 그만두고 나왔을 때 돈이 정말 없었다(쌀을 살 돈마저 없었다. 다행히 청주에서 사역하던 수철이가 돈을 보내주어 굶지는 않았다). 무엇보다 아이가 갑작스럽게 아플 때 병원 응급실 비용이 마음에 눌림이 되었다. 아들이 갑자기 열이 나서 경기(열성경련)를 하려고 할 때 수원의료원에 앰뷸런스를 타고 가서 아이를 눕혀놓고 현금인출기에 카드를 넣었을 때였다. 잔고가 얼마 없었다. 돈을 벌러 나가든지 빌리든지 해야 했다. 하나님을 따라가기보다 내가 무언가 해야겠다는 생각을 하는데 하나님은 반대하셨다.

길은 열리지 않았고 나는 무작정 기다려야 했다. 재정에 시달릴 때 제일 무서운 것은 공과금이었다. 그것은 매월 꼬박꼬박 나오고 연체되면 과태료가 붙는 고정비용이었다. 먹는 것은 줄일 수 있지만 공과금은 줄일 수 없었다. 반드시 지출해야 하는 고정비용은 재정에 대한 통제력을 현저히 약화시켰다.

'아, 공과금만 없다면 자유로울 텐데….'

간신히 석유 한 통씩 사다 쓰는 기름 보일러를 쓸 때보다 한 달치 비용을 나중에 정산하는 도시가스를 사용하는 게 저렴하고 좋았지만 공과금에 대한 부담감으로 눌려 있던 게 사실이다. 돈이 들어오면 가장 먼저 공과금을 조금씩 저축하면서 한 달을 살았다. 공과금 생각 안 하고 살았다가는 월말에 연체할 수 있기 때문이다. 돈은 괴물처럼 우리를 조여왔고, 삶의 통제력을 현저히 약화시켰다. 돈의 유무에 따라 마음이 왔다 갔다 하는 것이다. 돈에 대한 통제력을 높이는 것이 중요했다.

문제는 필요한 만큼 쓰고 남아야 재정을 운용할 것 아닌가 하는 것이었다.

'돈의 절대량이 적은데 어떻게 통제를 한단 말인가.'

재정에 대한 압박감이 너무 심해서 마음을 진정시킬 수 없었다. 하지만 돈이 갑작스럽게 늘어날 리는 없었다. 그렇다면 마음을 견고하게 하고 돈에 마음을 빼앗기지 말아야 한다는 결론에 이르렀다. 그리하여 우리 가족은 '재정 통제 시스템' 구축에 착수했다. 일단 공과금 대책을 새로 수립했다.

한 달을 살고 공과금을 내야 할 때 돈이 부족하면 마음이 조급해지는데 이에 대한 대책을 공과금을 지출하지 않는 것으로 세웠다. 한 달을 연체하게 되더라도 재정에 대한 통제력을 높일 필요가 있었기 때문이다.

'아무리 부족해도 돈은 하나님이 주신다. 재정이 나를 지배하거나 이미 들어가기로 결정된 비용들이 내 삶을 지배하는 것이 아니다. 하나님께서 이번 달에 이 정도 수입을 주셨다면 이 안에서 살아야 한다. 이 달 재정의 범위를 넘어선 것은 다음 달에 차츰 치르자. 하나님이 반드시 주실 것이다.'

그렇게 재정에 대한 압박감이 하나님 앞에서의 평안을 손상시키지 않도록 통제했다. 한참 어려울 때는 아예 지출하지 않는 주간을 선포하기도 했다. 신기하게도 살 수 있었다. 돈이 없으면 곧 죽을 것 같지만 하나님을 의지하고 믿음으로 쓰지 않기로 결정하니 쓰지 않게 되었다. 심지어 어떤 주간은 돈이 남기도 했다(아이들이 어렸기 때문에 가능했다는 생각도 한다).

재정에 대한 통제력을 높여서 마음을 다스리고자 했던 치열한 시간이었다. 그렇게 몇 년을 살고 나니 재정을 다스릴 수 있게 되었고 모든 상황에서 하나님을 의존하는 비율이 더욱 높아졌다. 돈의 편리함과 두려움에서 자유하게 된 것이다.

빚의 위험성

흔히 재정이 부족할 때 빚을 지게 된다. 자본주의사회에서는 빚 없는 사람이 없고 빚이 투자를 위한 좋은 방편이라는 견해도 있지만 어쨌거나 빚은 위험하다. 빚은 치통처럼 계속해서 마음에 고통을 가져다준다. 고통까지는 아니더라도 빚이 없을 때의 평강은 사라진다. 무엇보다 하나님과의 관계를 망가지게 한다. 그래서 빚지는 것을 두려워해야 한다.

느헤미야가 예루살렘 성벽을 재건하기 위해 동분서주하고 있을 때였다.

> 나나 내 형제들이나 종자들이나 나를 따라 파수하는 사람들이나 우리가 다 우리의 옷을 벗지 아니하였으며 물을 길으러 갈 때에도 각각 병기를 잡았느니라 (느 4:23)

이스라엘 백성은 옷도 벗지 않고 물을 길으러 갈 때도 병기를 잡는 등 적과 대치하는 비상 상황에서 성벽을 재건하기 위해 분투하고 있었다. 하지만 문제는 밖으로부터가 아니라 내부에서 일어났다. 백성들이 빚에 쪼들리고 있었던 것이다. 이 문제가 심각해져서 결국 성벽을 쌓는 것이 불가능하게 되었다. 느헤미야는 지도자로서 백성들의 빚 문제를 해결한다.

> 그때에 백성들이 그들의 아내와 함께 크게 부르짖어 그들의 형제인 유다 사람들을 원망하는데 어떤 사람은 말하기를 우리와 우리 자녀가 많으니 양식을 얻어 먹고 살아야 하겠다 하고 어떤 사람은 말하기를 우리가 밭과 포도원과 집이라도 저당 잡히고 이 흉년에 곡식을 얻자

하고 어떤 사람은 말하기를 우리는 밭과 포도원으로 돈을 빚내서 왕에게 세금을 바쳤도다 우리 육체도 우리 형제의 육체와 같고 우리 자녀도 그들의 자녀와 같거늘 이제 우리 자녀를 종으로 파는도다 우리 딸 중에 벌써 종된 자가 있고 우리의 밭과 포도원이 이미 남의 것이 되었으나 우리에게는 아무런 힘이 없도다 하더라 (느 5:1-5)

백성들의 원성을 들은 느헤미야는 이렇게 문제를 해결했다.

내가 백성의 부르짖음과 이런 말을 듣고 크게 노하였으나 깊이 생각하고 귀족들과 민장들을 꾸짖어 그들에게 이르기를 너희가 각기 형제에게 높은 이자를 취하는도다 하고 대회를 열고 그들을 쳐서 (느 5:6,7)

나와 내 형제와 종자들도 역시 돈과 양식을 백성에게 꾸어 주었거니와 우리가 그 이자 받기를 그치자 (느 5:10)

문제는 흉년에서 시작되었다. 흉년이 와서 먹고살기가 힘들어진 백성들은 돈이 있는 동족들에게 밭과 포도원과 집을 저당 잡히고 돈을 빌렸다. 조금 더 심각한 사람들은 자식들을 저당물로 돈을 빌렸다. 결국 빚을 갚지 못하게 된 사람들은 생산수단을 잃어버릴 위기에 처했고 자신의 자식들이 종이 되는 것을 지켜보아야 했다.

느헤미야가 귀족들과 민장들을 꾸짖은 내용은 그들이 매기는 높은 이자에 관한 것이었다. 빚은 우리의 생존에 필수적인 생산수단, 예를 들면 농부에게서 밭과 포도원과 집을 빼앗아갈 수 있다. 아무리 사업을 위해 빚을 져야 한다고 해도 빚의 위험성에 대해서 깊이 생각할 필요가 있다.

흉년이 오면 빚은 나의 삶을 송두리째 빼앗아간다. 흉년이 오지 않는다면 어떻게 해서라도 빚을 갚아나가기도 하고 먹고살 수도 있겠지만 한번 빚을 진 사람에게 흉년이 오면 삶은 끝난다. 너무 위험한 일이다. 자신과 가족들의 인생을 건 도박을 해서는 안 된다.

성경은 먹고사는 것에 있어서 하나님이 분명하게 해결하실 수 있다고 말한다. 재정이 어려울 때, 먹고살기 힘들 때 하나님의 도우심을 경험하는 기회로 삼고 훈련한다면 하나님을 의지하는 보다 높은 차원의 삶으로 인도함 받을 수 있다.

명신교회를 시작하면서 길거리에서 예배를 드렸다. 겨울이 되어 영하 20도는 예사롭게 넘기는 날이 많아지고, 교회 안에 아이들이 태어나기 시작하자 도저히 길거리에서 예배를 드리는 것은 무리였다.

아주 친하지는 않지만 조금 알고 지냈던 부부가 카페를 열었다. 한번 놀러오라고 했지만 시간이 나지를 않았다. 어느 날 연락이 왔는데 그동안 주일 오전에 그곳을 사용하시던 목사님이 다른 곳으로 옮겨 가셨으니 자신들이 운영하는 카페에서 예배를 드리면 좋겠다는 제안을 해왔다. 가서 보니 장소가 아늑하고 좋았다. 길에서 예배드리다가 비나 눈이 오면 아무 카페나 들어가서 조용히 한 쪽 구석에서 예배드리곤 했었는데 그곳은 우리가 갔던 어떤 장소보다 훌륭했다.

몇 주 예배를 드리다보니 카페를 운영하는 형제를 멘토링하게 되었다. 그러면서 카페 운영에 적자가 난다는 사실을 알게 되었다. 우리가 장소 사용료와 주일 오전에 먹는 음료수 값을 지불했기 때문에 카페 운영에 도움이 되리라는 생각이 있었는데 워낙 적자 규모가 컸다. 카페를 열 때 융자도 받은 상황이라 상황이 심각했다. 본래 두 사람 다 믿음이 좋았고 또 하나님이 주시는 마음으로 카페를 시작했지만 재정이 어렵다보니 부부간에 다툼도 많아진 모양이었다. 혼수로 해왔던 예물은 물론이고 아이들 돌 반지까지 내다 팔고 있었다. 부인은 '정 안 되면 한강에 가면 된다'는 극단적인 말도 한다고 했다. 형제는 왜 하나님이 이렇게 하시는지 잘 모르겠다며 우울해했다.

나는 전철역 바로 앞에 유명 프랜차이즈 카페가 크게 생기면서 그 옆에 있던 큰 카페마저 문을 닫았으니 지하에 있는 이 카페가 문을 닫지 않은 것만도 감사할 일인 것 같다고 형제를 위로했다. 그리고 이렇게 어려운 상황에서 살아남는다면 그것은 하나님이 하신 것이라고 말해주었다. 시간이 흐르면서 형제는 상황을 객관적으로 이해하기 시작했다. 자신이 져야 할 책임과 하나님의 도우심이 필요한 상황에 대해서 분별하기 시작한 것이다. 그리고 자신의 욕심과 믿음으로 하면 될 거라는 과도한 영적 허영에 대해서도 반성하고 겸손해졌다.

나는 그에게 목 좋은 곳에 큰 카페를 놔두고 지하에 있는 카페에 오는 사람은 카페가 가지고 있는 분위기나 주인의 친절함 때문일 수 있다고 말했다. 그러니 아르바이트 직원은 아주 바쁠 때만 쓰고 늘 주인이 자리를 지키는 게 좋겠다고 조언했다. 형제는 감사하게도 내 말을 잘 들어주었다.

우리는 함께 하나님을 의지하는 기도를 했다. 하나님이 손님을 보내주셔야 하는 상황이었다. 그러자면 카페에 관한 모든 상황을 하나님께 의지할 필요가 있었다. 형제는 카페를 알리는 전단에다 성경 말씀을 배경으로 넣었다. 그 마음이 좋아보였다. 손님이 점점 늘어나는 만큼 그의 하나님을 향한 의존도 깊어지고 있었다. 얼마 후 그는 매출에 연연하면서 재정 때문에 부부싸움을 하는 사람이 아니라 모든 상황에서 하나님을 의지하고, 그런 믿음으로 아내를 돌보고 가정을 지키는 사람이 되어 있었다.

빚은 생산수단을 빼앗아가고 가정을 해체시킨다. 이렇게 강력하게 나쁜 것은 없다. 그럼에도 빚을 질 수밖에 없는 상황이라면 다음의 두 가지를 다시 생각했으면 좋겠다.

첫 번째는 빚의 위험성이다. 어쩌면 평생 자리를 못 잡을 수 있고 제대로 된 일을 감당할 수 없을지도 모른다는 것을 기억해야 한다.

두 번째는 정말로 빚이 아니라 하나님을 의존했는지 잘 살펴보면 좋겠다. 누구나 돈이 마르고 재정적으로 힘들 때가 있다. 인생에 흉년이 오는 것이다. 그때에 하나님을 충분히 의지했고 하나님의 허락이 있어서 빚을 낸 것인지 살펴보아야 한다. 재정이 어려우면 일단 빚을 지고 보는 사람은 하나님을 의존하는 것이 아니라 빚에 의존하는 삶을 살기 쉽다. 하나님을 의지하면 하나님을 경험하게 된다. 그러나 빚을 의지하면 빚에 묶이게 된다.

먼저 빚을 갚아라

광주에서 간사로 처음 위탁했을 때의 일이다. 간사 위탁을 하면 월급을 받지 않기 때문에 재정을 하나님께 전적으로 의존해서 살아야 한다. 다른 것은 괜찮은데 공동생활 비용이 부담이었다. 간사 일 인당 5만 원씩 내서 공동생활에 필요한 식비와 공과금을 해결했다. 몇몇 간사님들은 공동생활비가 밀려 있기도 했다. 나는 처음 몇 달은 신기하게 돈이 들어와서 공동생활비를 낼 수 있었다.

나중에 보니 월말에 꼬박꼬박 5만 원을 후원해주는 분이 있음을 알게 되었다. 그걸 알고부터는 들어오는 돈을 그때그때 필요한 곳에 썼다. 어차피 월말에 들어오는 5만 원을 공동생활비로 내면 된다는 생각이었다.

훈련이 필요했던 것일까? 월말에 그 돈이 들어오지 않았다. 누가 헌금했는지 찾아 나설 수도 없어서 어쩔 수 없이 한 달치를 내지 못했다. 공동생활 재정을 담당하는 형이 난감해했다. 여러 사람이 여러 달 밀려 있었기 때문에 나도 그런 상황이 될까봐 형은 근심스런 표정으로 말했다.

"돈이 생길 때마다 조금씩 내는 게 좋아."

따뜻하게 말해주었지만 깊은 부담을 느꼈다. 그래서 예전처럼 돈이 들어올 때마다 조금씩 공동생활비를 내기 시작했고 결국 두 달 치를 다 내고 빚에서 벗어나게 되었다. 그때 깊이 깨달은 가르침은 '돈은 알 수 없다'는 것이다. 사람 마음이 조변석개(朝變夕改)하는 것만큼이나 돈은 수시로 변한다. 사람 마음은 스스로도 알 수 없는데 그 마음에 가장 민감하게 영향을 미치는 것이 돈이기 때문이다. 사람의 마음을 믿을 수 없는 것처럼 돈도 믿을 수 없다.

돈을 믿으면 반드시 낭패를 경험하게 된다. 돈을 순진하게 믿어도 안 되고 떠받들어서는 더욱 안 된다. 냉정하게 다스려야 한다. 형제나 심지어 부모 자식 관계도 쉽게 깨트릴 수 있는 것이 돈이다. 순진하게 돈을 대하면 반드시 상처를 입는다. 돈을 향한 사람의 마음에 대해서도 냉정하게 이해해야 한다.

내가 쓸 것 다 쓰면서 빚을 갚을 수는 없다. 먼저 빚을 갚는 것에 우선순위를 두어야 한다. 빚을 갚아나가는 것은 나의 삶을 건강하게 만들어주며 삶에 대한 책임감을 보여준다고 할 수 있다. 빚에 대해서 책임감이 없는데 다른 것에 책임감이 있을 리 없다. 삶의 내용 전체가 무책임하게 되는 것이다.

어떤 할아버지가 실수로 산불을 내고 벌금형을 받았다. 그런데 벌금을 다 내지 못하고 할아버지 돌아가시자 부인인 할머니가 평생 조금씩 모아서 벌금을 다 냈다는 기사를 본 적이 있다. 감동스러웠다. 신문에까지 난 이유가 있을 것이다. 삶에 대한 책임감이란 그런 것이다. 짠하지만 충분히 칭찬받을 만한 인생의 내용이다.

눈에 보이지 않으면 없는 것처럼 아는 세상이지만 책임감은 보이지 않아도 분명히 존재하고 다 계산되고 있다. 빚에 책임감이 없는 사람은 자신의 인생을 길바닥에 던져버리는 것이나 다름없다. 조금씩이라도 빚을 갚기 시작하면 삶에 대한 책임감과 성실함이 일어나면서 하나님과의 관계에서도 신실하게 된다.

어떤 형제가 나라에서 주는 낮은 이자의 주택 지원금을 융자 받아서 전셋집을 넓혔다. 그때 형제가 한 말이 마음을 아프게 했다. 나라에서 주는 낮은 이자의 융자금은 안 갚아도 되는 돈이라는 것이다. 실제로 안 갚겠다는 말은 아닐 것이다. 그만큼 눈먼 돈이라는 말로 들렸다. 빌린 돈에 대해서 이런 관점을 가지고 있는데 하나님이 사용하시는 사역자가 될 수 있을까 하는 걱정이 들었다.

빚을 낼 때도 자기 편리한 대로 빌리고, 갚는 것도 자기 마음대로 한다면 하나님은 그 삶의 어디에 계신가. 빚을 낼 때도 신중을 기하고 하나님의 허락을 받아야 하지만 빚을 갚을 때도 하나님을 철저히 의지해서 갚아나가야 한다. 반드시 그 모든 과정에서 하나님의 도우심을 경험하게 될 것이다. 그렇게 빚을 갚아나가다 보면 삶의 내용이 건실해질 것이다. 그리고 빚을 갚는 속도도 빨라지고 기적을 경험하게 될 것이다. 힘들어도 삶을 무너뜨리지 말고 끝까지 하나님과 동행해야 한다.

겸하여 섬길 수 없다

대놓고 하나님보다 돈을 더 사랑한다고 말하는 사람은 없다. 분명히 알 것은 우리는 하나님과 돈을 겸하여 섬길 수 없다는 사실이다. 입으로는 하나님을 사랑한다고 하면서 실제 삶에서 돈을 더 사랑하고 교묘하게 하나님과 돈을 겸하여 섬길 수 있다.

네 보물 있는 그곳에는 네 마음도 있느니라 눈은 몸의 등불이니 그러므로 네 눈이 성하면 온몸이 밝을 것이요 눈이 나쁘면 온몸이 어두울 것이니 그러므로 네게 있는 빛이 어두우면 그 어둠이 얼마나 더하겠느냐 한 사람이 두 주인을 섬기지 못할 것이니 혹 이를 미워하고 저를 사랑하거나 혹 이를 중히 여기고 저를 경히 여김이라 **너희가 하나님과 재물을 겸하여 섬기지 못하느니라** (마 6:21-24)

온몸이 어둡다는 것은 돈에 마음이 빼앗겨서 하나님을 사랑하지 않고 돈에 대한 욕심으로 마음이 어두워진 것을 말한다. 하나님과 돈을 겸하여 섬기면 삶이 어두워진다. 재물이 있는 곳에 마음이 있다. 재물을 더 사랑하는 사람은 하나님을 미워하고 경홀히 여긴다. '내 마음이 돈에 있는가 아니면 하나님께 있는가'를 항상 점검할 필요가 있다.

돈에 마음을 빼앗기면 하나님과의 관계가 깨어진다. 깨어진 관계에서 정직하고 풍성한 돈이 올 리가 없다. 물질이 주어진다 하여도 죄 짓는 곳에 쓰게 된다. 돈에 마음을 빼앗기면 하나님과 관계가 안 좋아지고, 돈도 오지 않고, 인생이 어두워져버린다. 욕심을 내서 돈을 버는 것이 아니라 하나님과 친해서 그분이 돈을 주시는 것이다.

원칙을 지켜야 한다. 돈을 더 사랑하는 사람들은 돈에 대한 하나님의 원칙을 무시한다. 성경은 사랑의 빚 외에는 아무 빚도 지지 말라고 하셨음에도 사람들은 빚지는 것을 두려워하지 않는다. 정말 먹고살 것이 없어서 빚을 진다면 이해할 수 있다. 성경에서도 경제적으로 어려운 사람에 대해서 비교적 관대함을 보여준다.

> 가난한 사람을 학대하는 자는 그를 지으신 이를 멸시하는 자요 궁핍한 사람을 불쌍히 여기는 자는 주를 공경하는 자니라 (잠 14:31)

> 중한 변리로 자기 재산을 늘이는 것은 가난한 사람을 불쌍히 여기는 자를 위해 그 재산을 저축하는 것이니라 (잠 28:8)

재정적으로 어려운 사람들을 도와야 한다. 그리고 그들에게 돈을 빌려주되 과도한 이자를 받지 말아야 한다. 돈을 벌기 위해 빚을 내서 투자하는 사람들이 있는데 위험천만한 일이다. 간혹 투자해서 원하는 돈을 버는 사람이 있는지 모르겠으나 그것은 도박과 다름없다. 도박을 해서 돈을 버는 사람이 있는가. 도박으로는 돈을 벌기도 어렵거니와 자신의 생명을 안전하게 지키기도 어렵다.

성경은 날아가는 새와 들에 핀 백합화도 먹이고 입히시는 하나님께서 우리를 먹이고 입히시겠다고 약속하신다. 먹고살 것이 없어서 죽을지 모른다는 공포감은 우리를 실수로 이끈다. 그러나 죽지 않고 살 수 있다. 이는 하나님의 약속이다. 먹고사는 것이 두려워 공포감으로 돈을 위해 일을 도모해서는 안 된다. 죽을까봐 두려워서 시작한 일은 공포감이 동기이기 때문에 위험하다.

다른 사람에게 과도한 이자를 받는 것을 두려워해야 한다. 자본주의사회에서 전·월세를 비롯하여 이자를 받는 경제활동은 합법이다. 그러나 성경은 과도한 이자로 가난한 사람의 삶을 어렵게 하는 것은 하나님이 싫어하신다고 말한다. 하나님이 보고 계시다는 것을 잊고 이자로 재산을 늘리는 것은 하나님보다 돈을 더 사랑하는 증거다.

돈의 가치는 마음에 있다

돈이라고 다 같은 돈이 아니다. 부자들이 넉넉한 소유에서 아깝지 않을 만큼 한 헌금과 과부가 전 재산으로 드린 두 렙돈 중 예수님은 과부의 두 렙돈이 더 귀하다고 말씀하셨다. 절대적인 화폐량이 하나님의 관점이 아니다. 하나님은 그 화폐를 지니고 있는 사람의 삶과 마음의 내용이 화폐가치에 영향을 미친다고 말씀하신다.

언젠가 대구에서 말씀을 전하면서 처음 아들 이야기를 했다. 설교 시간에 아들 이야기를 하면 아들이 왠지 아픔에서 벗어나지 못할 것 같은 두려움이 있었다. 그런데 하나님이 강권하셔서 설교 시간에 아들 이야기를 하고 기도를 부탁했다. 설교를 마치고 할머니 한 분이 주머니에서 천 원짜리 몇 장을 꺼내서 내 손에 꼭 쥐어 주셨다. 눈물이 핑 돌았다.

"아이고… 집사님, 감사합니다. 비싼 돈이네요."

돈을 받으면서 할머니 집사님을 안아드렸다. 돈의 가치는 그 돈을 소유한 사람의 마음과 삶을 보시는 하나님의 결정에 달려있다.

성도 한 명이 경매로 집을 사고 싶다고 했을 때 말렸다. 남의 피땀이 어린 것이니 함부로 취하지 말라고 부탁했다.

평소 부부관계가 좋지 않아서 거의 별거 상태였던 한 부부가 있었다. 그런데 그 남편이 갑작스레 암으로 소천하는 안타까운 일이 일어났다. 별거 상태이긴 했지만 유족에게 보험금이 나왔다. 젊은 아내는 보험금으로 집도 사고 가게도 차렸다.

그 이야기를 들으며 나는 마음이 아팠다. 그 돈은 죽은 남편의 피 값이다. 당장 그 돈으로 무언가를 하기보다는 차분하게 남편을 기억하고 아이들을 돌보는데 쓰면 좋을 거라 생각했다. 얼마 후, 돈을 벌겠다는 마음으로 융자를 받아서 시작한 가게는 권리금도 제대로 받지 못하고 문을 닫고 말았다는 소식을 들었다. 보험금으로 자신의 인생을 고쳐보겠다는 건 정말 위험한 일이다.

돈은 무생물이다. 그러나 사람들이 모두 돈에 자신의 마음을 담는다. 그래서 돈이 무섭다. 남의 마음이 묻은 돈을 무서워해야 한다. 같은 돈이라도 값어치가 다르다. 무생물인 돈이 피눈물을 품고 있을 수도 있다. 남의 돈에 대해서 조심해야 한다.

그리고 하나님보다 돈을 더 사랑하는 사람은 구제를 가볍게 여긴다. 어려운 사람에게 기부하는 것은 반드시 해야 하는 하나님의 명령이다.

> 흩어 구제하여도 더욱 부하게 되는 일이 있나니 과도히 아껴도 가난하게 될 뿐이니라 (잠 11:24)

> 가난한 자를 불쌍히 여기는 것은 여호와께 꾸어 드리는 것이니 그의 선행을 그에게 갚아주시리라 (잠 19:17)

> 귀를 막고 가난한 자가 부르짖는 소리를 듣지 아니하면 자기가 부르짖을 때에도 들을 자가 없으리라 (잠 21:13)

> 가난한 자를 구제하는 자는 궁핍하지 아니하려니와 못 본 체하는 자에게는 저주가 크리라 (잠 28:27)

도움이 필요한 사람들을 외면하는 것은 거룩한 상태가 아니다. 물론 타의에 의해 남을 도와서는 안 된다. 좋은 일이라 해도 스스로 결정하고 즐거운 마음으로 해야 본인에게도 도움이 되고 하나님도 기뻐하신다. 간혹 옳은 일이라 하여 본인의 의사와 상관없이 강요하는 경우가 있는데 그것은 조종이지 구제가 아니다. 구제는 자신이 원해서 스스로 즐겁고 자원하는 심령으로 해야 한다. 그러나 다른 사람의 필요에 대해서 마음이 전혀 일어나지 않는다면 지금 자신의 영혼에 문제가 있을지 모르니 자세히 살펴보아야 한다.

호주에서 성욱이가 돈을 보내왔다. 성욱이는 내가 큰형 집에서 나와 갈 때가 없을 때, 떡국을 끓여주고 자기 집에 재워주었던 친구다. 갓피플에서 동영상으로 내 설교를 보다가 "날이 너무 더워서 위(胃)가 상한 것 같다"라는 말을 듣고 에어컨 설치하라고 돈을 보낸 것이다. 많이 고마웠다. 이번 여름에는 도저히 에어컨 없이는 견딜 수 없을 거라는 공포감까지 들었던 차였다. 은행이나 대형마트, 좋은 카페에 가면 느낄 수 있는 시원함과 쾌적함을 집에서도 누릴 수 있다는 생각에 설레였다.

에어컨을 알아보러 다니느라 돈을 가지고 있었다. 신기하게도 돈을 가지고 있으면 꼭 쓸 일이 생긴다. 교회 지체들과 서울대병원 어린이병동으로 부활절 전도를 갔다. 아픈 아이들을 돌보느라 지쳐 보이는 보호자들에게 정성스럽게 준비한 선물을 드렸다.

"오늘이 무슨 날인가요?"

"부활절입니다."

"아… 그래요."

그들의 얼굴이 좀 밝아진 것 같았다고 같이 간 지체가 전해주었다. 한번은 전도를 마치고 식사를 기다리는 중에 갑자기 하나님이 같이 전도하러 간 쌍둥이 아빠에게 헌금을 해야 한다는 마음을 주신다. 쌍둥이들은 태어날 때부터 상태가 좋지 않아 인큐베이터에 오래 있었다. 곧장 아내에게 조용히 전화를 해서 양해를 구했다. 아내는 늘 그렇듯이 흔쾌히 동의해준다.

나는 그에게 에어컨 설치 비용을 건넸다. 우리 집은 아파트라서 덜한데 그 친구네는 옛날 집이라 사방이 막혀 있어 여름에는 몹시 더울 것 같아 진즉부터 걱정이 됐었다. 우리 집 에어컨은 날아갔지만 금년에는 비가 유난히 많이 온 덕분에 비를 좋아하는 나는 날씨를 즐기면서 비교적 수월하게 여름을 났다.

다스리고 자유하라

선교단체 간사로 사는 동안 재정에 대한 계획을 세울 수 없었다. 자비량으로 사역하기 때문에 재정이 언제 어디서 올지 알 수 없어서 계획을 세우는 것이 불가능했다. 재정에 대한 계획을 세우지 않다보니 돈이 있으면 쓰고 없으면 쓰지 않았다. 그런데 재정에 대한 무계획이 재정에 더욱 묶이게 되는 결과를 가져왔다.

필요는 늘 있기 때문에 돈을 간절히 기다린다. 그러다가 돈이 오면 금방 다 써버리고 만다. 물론 하나님을 의지하는 삶이라는 측면에서는 좋았지만 돈의 유무에 따라 무계획한 삶이 되는 것이 문제였다.

반면에 어떤 사람들은 지나치게 재정에 대한 계획을 세운다. 그것도 건강하지는 않다.

인간적인 방법으로 부자 되기에 애쓰면 허무한 것에 주목하는 사이 인생이 날아가버린다.

> 부자 되기에 애쓰지 말고 네 사사로운 지혜를 버릴지어다 네가 어찌 허무한 것에 주목하겠느냐 정녕히 재물은 스스로 날개를 내어 하늘을 나는 독수리처럼 날아가리라 (잠 23:4,5)

부자가 되는 것은 하나님이 알아서 하실 일이다. 우리는 맡겨진 재정에 대해서 성실하게 관리하고 사용하면 된다.

무엇보다 재정에 대한 통제력을 높이기 위해서 세밀한 관리가 필요하다. 세밀한 재정 관리는 세밀한 가계부로부터 시작된다. 재정에 대한 통제력을 높여야 삶에 대한 통제력이 높아진다고 생각한 나는 몇 년에 걸쳐서 아내와 함께 우리 가정에 맞는 가계부를 만들었다. 대단한 것은 아니다. 몇 개월 동안 우리 가정이 돈을 어디에 어떻게 쓰는지 알기 위해 지출 항목을 비교적 자세하게 기록

했다. 그렇게 몇 개월을 분석해보니 불규칙하게 나가는 것 같던 재정도 일정한 항목이 있음을 알게 되었다.

처음 가계부를 쓸 때는 아이들의 양육비인 분유와 기저귀 값이 주요 지출 항목이었다. 생활비는 아주 조금 들었다. 나는 밖에 나갈 때나 멀리 강의하러 갈 때도 밥을 사 먹은 적이 없다. 주로 아내가 계란 샌드위치를 싸주었다. 내가 샌드위치를 싸 가는 날이면 아이들도 점심으로 그것을 먹었다고 한다. 가계부의 항목이 실제로 가정에서 돈이 지출되는 것으로 정리가 되어지면 재정의 흐름을 알 수 있다. 그러면 소비를 줄일 수 있는 여지가 생긴다.

지출 항목 중에서도 고정적인 것과 비고정적인 것이 있다. 아이들 양육비나 치료비, 공과금은 고정 항목이다. 이런 항목들을 우선 지출로 정하고 그 비용이 얼마인지 늘 기억하고 있어야 한다. 고정비용이 월 가계 수입에서 차지하는 비중이 얼마인지, 나머지 재정 중에서 얼마나 저축할 수 있는지를 머릿속에 넣고 있어야 한다. 그렇지 않으면 비고정적인 지출을 먼저 지불함으로써 고정 항목들이 빚으로 남는 경우가 있다.

어쩔 수 없는 고정적인 지출도 깊이 마음을 쓰고 기도하면 점점 가계에서 차지하는 비중과 마음에서 차지하는 부담감이 줄어든다. 아직도 나는 고정비용에 눌리는 마음이 조금 있다. 이처럼 재정은 잘 훈련되지 않는 영역이다.

가계부를 몇 년 쓰다보면 가정의 재정 흐름이 명확하게 보인다. 고정 지출과 비고정 지출의 규모가 보이면 어떻게 지출을 줄일 수 있는지에 대해서도 알게 된다. 그러면 가계 재정에 대한 통제와 평가가 가능하게 된다. 지출과 저축과 헌금을 어떻게 했는지 알 수 있게 되어 균형 잡힌 재정 관리가 이루어진다.

우리 가정이 중요하게 생각한 원칙은 되도록 재정이 흑자가 나도록 한다는 것이었다. 돈을 많이 벌어서 흑자를 내는 것은 쉽지 않다. 처음 가계부를 쓸 때는 수입이 아주 적었다. 그래서 한 달이라도 재정이 어려우면 바로 다음 달 공과금을 걱정해야 하는 상황의 연속이었다. 그래서 어떻게 하든 재정을 남기고자 애를 썼다. 그래야 다음 달에 재정이 들어오지 않더라도 이월된 재정으로 메울 수 있기 때문이다.

그렇게 살다보니 자연스레 또 하나의 원칙이 생겼는데 그것은 돈이 없으면 기다리는 것이다. 꼭 필요한 것이라도 재정 상황이 허락되면 하고 안 되면 돈이 들어올 때까지 기다린다.

반지하 방에 살 때 빨래 건조대가 필요했지만 돈이 없어서 우리는 방에 줄을 치고 빨래를 널었다. 그런데 반지하라 건조가 잘 되지 않아 금방 냄새가 났다. 6개월 정도 동전을 모아서 결국 빨래 건조대를 살 수 있었다. 빨래 건조대를 사기 위해서 나는 가까운 거리는 걷고, 밖에 나가서 생수를 사 먹는 대신 빈 병을 들고 다니다가 은행에 들어가서 정수기 물을 받아 먹곤 했다.

그렇게 몇 개월을 모으던 중에 한 마트에서 빨래 건조대를 6천 원에 할인 판매한다는 전단을 보고 가서 구매했다. 그 건조대는 아직도 잘 쓰고 있다. 재정을 모으면서 기다리면 반드시 하나님의 때가 온다. 그때까지 기다려야 한다. 하나님이 움직이실 때 따라 움직여야 한다. 인간적인 마음으로 서두르면 돈을 잃게 된다.

지금 시대가 가게나 정부나 수익을 남기는 재정 구조가 되지 않아서 어려움을 겪고 있다. 아무리 생각해도 재정에 대한 통제력이 상실된 것 같다. 이는 삶이 부너지는 결과를 가져올 수 있다. 재정을 다스리는 것은 마음을 다스리는 것이고, 삶에 대한 통제력을 높인다는 것이다. 한마디로 말하면 돈에 끌려가지 않고 내가 원하는 삶을 선택할 수 있는 자유를 얻게 되는 것이다. 재정에 있어서도 하나님을 전적으로 의존하는 자세가 필요하다.

PART 2

의존이 사라진 곳에
죄가 싹튼다

죄를 하나님께 자복한다는 것은 내 죄를 스스로 해결할 수 없다는 철저한 자기인식과 전능하신 하나님에 대한 의존을 나타낸다. 사람에게 죄가 없었다면 하나님을 의존하지 않을 것이다. 그러나 모든 사람이 죄를 지었고, 오직 하나님만 사람의 죄를 해결하실 수 있다. 하나님께서 죄를 용서해주셔야 우리는 비로소 메마른 땅이 아니라 촉촉한 대지 위에 풍성한 곡식이 심거진 것과 같은 삶을 맛볼 수 있다.

이로 말미암아 모든 경건한 자는 주를 만날 기회를 얻어서 주께 기도할지라 진실로 홍수가 범람할지라도 그에게 미치지 못하리이다 주는 나의 은신처이오니 환난에서 나를 보호하시고 구원의 노래로 나를 두르시리이다 시 32:6,7

3장
관계를 깨는 죄

고통의 시작

허물의 사함을 받고 자신의 죄가 가려진 자는 복이 있도다 마음에 간사함이 없고 여호와께 정죄를 당하지 아니하는 자는 복이 있도다
(시 32:1,2)

죄에 관한 한 사람은 무능력하다. 스스로 죄를 해결할 수 없기 때문이다. 사람이 할 수 있는 것은 자신의 죄에 대한 벌로 스스로를 파괴하거나 죄에 대한 보상으로 무언가를 하거나 기껏해야 서로를 용서하는 것이다. 서로 용서해서 마음은 쉬게 할 수 있을지

모르나 그 영혼을 살게 할 수는 없다.

죄는 사람을 심판으로 이끈다. 죄로 말미암은 심판에서 벗어나고 싶다면 반드시 하나님의 용서가 있어야 한다. 죄가 사람만의 문제가 아니라 하나님 앞에서 용서받아야 할 문제임을 인정해야 한다. 하나님의 용서를 받은 사람만이 진정으로 자유하고 회복될 수 있다. 하나님께서 사람을 그렇게 만드셨다.

좋으신 하나님은 우리 죄를 용서하시고 허물을 가려주신다. 허물을 가려주시는 하나님의 손길을 경험한 적이 있을 것이다. 이러한 하나님과의 은혜로운 관계에서 벗어나면 안 된다. 없는 죄를 만들어서 일부러 관계를 만들라는 것은 아니다. 그렇게까지 하지 않아도 우리가 마음속으로나 말과 행동으로 얼마나 죄를 많이 짓는가! 죄를 짓는 한 우리는 하나님께로 돌아가야 하며 그분과 관계에서 의존과 성장이 있어야 한다. 죄의 영역에서 하나님 의존이 깊어지고 해결하는 과정이 세밀해져야 한다.

하나님은 사람들의 죄에 관한 고백을 기다리신다. 우리의 기도에는 항상 죄 문제에 대한 깊은 고백과 성찰이 있어야 한다. 우리가 죄를 지었던 순간부터 하나님과의 동행은 깨어진다. 죄는 거룩하신 하나님과의 관계를 깨트리므로 관계가 회복되자면 죄 문제가 해결되어야 한다. 하나님과 점점 친밀해진다면 죄도 그 관계 안에서 해결될 것이다. 나의 죄의 영역에서 하나님을 의존하고 은혜를 받는 것이 깊어질수록 관계는 친밀해지고 해결과 회복은 그만큼 빠르게 일어난다.

시편 32편 2절에 나오는 "마음에 간사함이 없고"라는 말은 하나님 앞에 감추는 것이 하나도 없다는 의미이다. 히브리어 직역 성경은 "자신의 영(靈)에 속임이 없는 사람"이라고 번역한다. 하나님께서 은혜를 베푸셔서 우리 죄를 용서하심으로 우리는 하나님과 관계를 맺게 되었다. 좋은 관계를 계속 유지하려면 죄를 남김 없이 하나님 앞에 고백할 필요가 있다. 감추는 것이 있으면 사랑은 계속될 수 없다. 감추는 순간 이미 관계는 거북해진다.

항상 하나님 앞에 가서 죄를 이야기해야 한다. 죄와 허물에 대한 깊은 기도가 사라졌다면 하나님이 느끼시는 문제의식을 나는 느끼지 못할 만큼 나의 영혼과 하나님과의 관계에 문제가 생긴 것이다. 내 죄의 영역에서 하나님을 깊이 의존하는 것을 놓치지 말아야 한다. 하나님의 은혜를 경험하고 인격적인 친밀한 관계가 시작된 것은 어찌 보면 나의 죄 때문이다. 죄가 없는 것처럼 행동하면 안 된다. 왜냐하면 실제로 죄가 있기 때문이다.

또한 하나님이 중요하게 여기는 문제에 대해서 내가 가볍게 여긴다면 관계는 성립되지 않는다. 하나님께서 나의 죄 문제를 심각하게 여기신다면 나도 심각하게 여기고 하나님 앞에 나아가야 비로소 친밀한 관계 안에서 죄가 다루어질 수 있다. 회개를 해도 자유함이 없고, 죄가 다루어지지 않는 것은 자신의 죄에 대한 자유함과 다스림이 하나님과의 관계 발전에서 가능하다는 것을 잘 몰라서다.

법정에서 재판을 받고 죄 값을 치르는 것이 우리의 회개가 아니다. 회개는 아버지 되시는 하나님과 자녀 된 우리의 관계 안에서 성령의 법, 생명의 법으로 우리 죄가 교정되는 과정이다. 그러므로 자녀로서 하나님 아버지와의 관계가 친밀하지 않다면 성령의 역사가 일어나지 않고, 그로 말미암아 인격적 관계 안에서 자유함을 얻고 죄를 다스리는 힘을 얻는 것이 불가능해진다.

> 내가 입을 열지 아니할 때에 종일 신음하므로 내 뼈가 쇠하였도다 주의 손이 주야로 나를 누르시오니 내 진액이 빠져서 여름 가뭄에 마름 같이 되었나이다 (시 32:3,4)

하나님과의 관계 안에서 친밀함의 자유와 행복을 누려본 사람은 그런 관계가 깨졌을 때의 고통을 안다. 종일 신음하므로 뼈가 쇠하고 영혼이 메마른 땅같이 황폐해지는 고통이다. 그러한 고통은 나의 죄와 허물에 대해서 하나님 앞에 입을 열지 않았을 때 생겨난다. 나를 위해 피 흘리신 하나님의 사랑을 깊이 알지 못하고 내 마음대로 죄를 처리하거나 가볍게 여길 때 오는 고통이다. 이런 고통을 느끼는 사람은 어떤 면에서 성숙한 사람이기도 하다.

안타깝게도 많은 사람이 죄의 고통, 깨어진 관계의 고통을 느끼지 못한다. 마치 어머니를 고통스럽게 하면서도 아무런 문제의식도 느끼지 못하고 한 번도 진심으로 어머니 입장에 서보지 못한 불효자식처럼.

철저하고 정직한 고백

하나님 앞에서 죄를 숨기지 말아야 한다.

> 내가 이르기를 내 허물을 여호와께 자복하리라 하고 주께 내 죄를 아뢰고 내 죄악을 숨기지 아니하였더니 곧 주께서 내 죄악을 사하셨나이다 (시 32:5)

죄를 하나님께 자복한다는 것은 내 죄를 스스로 해결할 수 없다는 철저한 자기인식과 전능하신 하나님에 대한 의존을 나타낸다. 사람에게 죄가 없었다면 하나님을 의존하지 않을 것이다. 그러나 모든 사람이 죄를 지었고, 오직 하나님만 사람의 죄를 해결하실 수 있다. 하나님께서 죄를 용서해주셔야 우리는 비로소 메마른 땅이 아니라 촉촉한 대지 위에 풍성한 곡식이 심겨진 것과 같은 삶을 맛볼 수 있다.

이로 말미암아 모든 경건한 자는 주를 만날 기회를 얻어서 주께 기도할지라 진실로 홍수가 범람할지라도 그에게 미치지 못하리이다 주는 나의 은신처이오니 환난에서 나를 보호하시고 구원의 노래로 나를 두르시리이다 (시 32:6,7)

하나님은 나의 죄로부터 피할 수 있는 유일한 피난처이시다. 하나님은 죄 지은 나를 숨겨주시고 보호하신다. 물론 이렇게 보호받고자 한다면 반드시 하나님을 만나서 정직하게 자신의 죄를 고백해야 한다. 죄의 영역에서 하나님을 피난처와 은신처로 삼을 수 있다면 홍수가 범람할지라도 미치지 못하는 안전한 삶을 누리게 된다.

반대로 생각하면 어떤 사람이 홍수 같은 환난에서 벗어나지 못하는 것은 자신의 죄에 대해 고백하고 용서받는 관계가 형성되어 있지 않아서일 수 있다. 모든 문제가 죄 때문인 것은 아니다. 그러나 다윗의 경우처럼 죄로 말미암아 고통받는 경우가 많다. 죄는 삶을 고통스럽게 한다. 그러나 방법이 있다. 하나님께 가서 고백하고 용서를 받고 은신처로 피하는 것이다. 지금 즉각 은신처로 피하라. 죄를 짓고 멍하니 있다가 홍수 같은 환난을 만나지 않으려면.

내가 네 갈 길을 가르쳐 보이고 너를 주목하여 훈계하리로다 너희는 무지한 말이나 노새같이 되지 말지어다 그것들은 재갈과 굴레로 단속하지 아니하면 너희에게 가까이 가지 아니하리로다 (시 32:8,9)

많은 사람들이 하나님의 인도하심을 받고 싶다고 한다. 그러나 하나님의 인도하심을 받기 위해 해야 할 일을 하지 않는다. 하나님께서 주목하여 훈계하시고 갈 길을 가르쳐 보일 수 있는 사람은 자신의 죄의 영역을 하나님께 철저히 다룸받은 자뿐이다. 그는 완전히 하나님께 항복한 사람이다. 자신의 죄에 대한 철저한 인정은 하나님이 진정으로 나의 하나님이시라는 진실한 신앙고백이다.

세상에서 말하는 죄가 별로 없는 사람들은 하나님 믿기가 쉽지 않다. 그들은 하나님 앞에서 꿇릴 것이 없다고 생각해서 마음이 가난하지 않다. 죄가 있든 없든 하나님을 찾지 않는 사람은 좋은 사람이 아니다. 하나님의 훈계와 가르침에 순종하지 않는 불순종은 꿇릴 게 없는 사람들에게서 자주 나타난다.

자신의 문제가 너무 커서 불순종하는 사람은 그 마음에 두려움이 있기 때문에 상황이 좋지 않으면 오히려 쉽게 항복할 수 있다. 그러나 자신의 죄를 모르고 회개하지 않는 자칭 의로운 사람은 무지한 말이나 노새같이 재갈 먹이지 않으면 따라오지 않는다.

순종은 은혜를 깊이 받은 사람, 조건 없는 용서를 받은 사람, 넘치는 사랑을 경험한 사람들이 잘한다.

악인에게는 많은 슬픔이 있으나 여호와를 신뢰하는 자에게는 인자하심이 두르리로다 너희 의인들아 여호와를 기뻐하며 즐거워할지어다 마음이 정직한 너희들아 다 즐거이 외칠지어다 (시 32:10,11)

의인과 악인을 가르는 기준은 사람의 행동이 아니라 하나님의 용서하심이다. 하나님께 용서받은 사람들이 의인이다. 의로움은 자신의 행위로 쟁취하는 것이 아니라 허물을 사하시고 죄를 가려주시는 하나님으로 가능하다. 그러므로 자신의 죄를 아는 사람이 죄를 정직하게 고백하고 하나님의 의로움으로 깨끗함을 받을 때 의로워지는 것이다.

그래서 의인들은 여호와를 신뢰한다. 자신의 죄를 가려주시는 하나님의 신실하심을 믿기 때문이다. 자신의 죄를 정직하게 인정하고 하나님의 의로움을 기대하는 사람은 하나님의 인자하심을 찬양하고 기뻐할 수 있다.

치명적 결함

평생을 전쟁터에서 살았던 다윗은 왕이 되어 왕궁에서 전쟁에 대한 보고를 받는 사람이 되었다. 그리고 다윗의 부하들은 요압을

필두로 하여 전쟁터에서 목숨을 걸고 싸우고 있었다. 그날 저녁 다윗은 왕궁 옥상으로 올라갔다.

> 저녁 때에 다윗이 그의 침상에서 일어나 왕궁 옥상에서 거닐다가 그 곳에서 보니 한 여인이 목욕을 하는데 심히 아름다워 보이는지라
> (삼하 11:2)

모든 사람에게는 죄가 있고, 특별히 잘 다스려지지 않는 자신만의 죄가 있다. 다윗은 본래 여자 문제에 취약한 사람이었을 것이다. 그에게는 이미 부인이 여러 명 있었기 때문에 이런 행동이 우발적인 것이라 보기 어렵다.

뜻이 높은 사람일수록 그가 가진 어두움은 초라하다. 만약 다윗이 아니었다면 이런 문제는 성경에 기록되지도 않았을 것이다. 그러나 다윗은 치명적인 연약함에도 불구하고 영적 거인이었고 탁월한 왕이었다. 그래서 문제가 된다. 뜻이 높고 훌륭한 다윗에게도 통제되지 않는 욕심이 있었고, 그 욕심은 다윗의 판단력을 흐리게 했다.

그 여인의 이름은 밧세바였고 다윗의 신하인 우리아의 아내였다. 그는 분명 정확한 보고를 들었다. 그리고 우리아는 전쟁터에서 다윗을 위해 열심히 싸우고 있었다. 하나님은 십계명을 통하여

남의 아내나 종이나 소나 나귀나 무엇이든 남의 것을 탐내지 말라고 말씀하셨다(출 20:17). 그러나 다윗의 욕심은 내 것과 남의 것을 구분하지 못하게 했다.

아무리 아름다운 여자라도 내 아내가 아니면 그 아름다움은 나의 것이 아니다. 그 여자의 남편 것이다. 잘 생기고 능력있는 남자도 마찬가지다. 내 남편이 아니면 그는 내 것이 아니라 그의 아내의 것이다. 내 것이 아닌데 내 것을 만들자면 죄를 저질러야 한다. 무엇이든 내 것이 아닌 것을 아는 것이 거룩이다. 내 것과 남의 것을 구분하지 못하는 사람을 유심히 살펴야 한다. 그는 언제라도 큰 죄를 지을 수 있는 사람이기 때문이다.

배우 황정민 인터뷰를 보던 중이었다. 기자가 예쁜 여배우들과 연기하니 좋겠다고 하자, 황정민은 자신은 이미 결혼했고 아무리 예쁜 여자여도 자신에게는 '그림의 떡'이라고 말했다. 적절한 표현이다. 성경에도 자신의 아내가 아닌 여자와의 성관계를 남의 떡을 먹는 것에 비유하고 있다(잠 9:13-17 참조).

보통 사람들은 남의 것을 훔치는 것을 두려워하고 들키면 아주 창피해한다. 그러나 성적인 부분에 있어서는 엄격하게 그 기준을 적용하지 않을 때가 있다. 다윗도 남의 양(¥)을 훔친 사람에 대해서 격렬하게 분노하지만 정작 자신이 남의 아내를 훔쳤다는 사실에 대해서는 그렇게 격렬하게 반응하지 않았음을 본다. 남의 물건을 함부로 만지거나 손대면 아주 곤란한 것처럼 나의 아내가 아닌 다른 여자들을 결코 욕심내서는 안 된다.

나는 공금에 대해서 병적일 만큼 조심성이 있다. 내 돈이 아닌 것을 잠깐이라도 맡으면 아주 불편하다. 다른 여자들을 향하여도 공금에 대한 마음의 태도처럼 생각하면 쉽게 정리된다. 아주 예쁜 여자가 있다고 치자. 그러면 즉시 마음을 먹는 것이다.

'저 사람은 남의 것이다. 내 것이 아니다.'

신기할 정도로 쉽게 마음이 정리된다. 남의 여자를 보고 이상한 생각을 하는 사람은 남이 수고하고 애써서 번 돈을 어떻게 해서 내 것으로 만들까 하는 것과 같다.

거룩한 다윗 안에 있는 남의 것과 자신의 것을 구분하지 못하는 어린아이 같은 모습이 당황스럽다. 그러나 더욱 당황스러운 것은 그가 죄를 감추기 위해 벌이는 일련의 행동들이다. 그것은 정말 다윗답지 않을 뿐 아니라 3류 잡범들도 하지 않는 행동들이다. 한 나라의 왕이 자신이 지은 죄를 덮기 위해 온갖 악행을 저지르는 사람이 되었다.

예쁜 여자를 보고 욕심이 생길 수 있다. 그런데 그는 한 발짝 나가서 부하의 부인과 동침했다. 하룻밤의 실수로 끝날 거라 생각한 것일까? 그러나 하나님의 사랑을 받는 사람이 원수에게 걸려들었을 때는 빠져나갈 수 없는 법이다.

감출 수 없는 죄

다윗이 요압에게 기별하여 헷 사람 우리아를 내게 보내라 하매 요압이 우리아를 다윗에게로 보내니 (삼하 11:6)

죄를 지은 사람은 남들이 눈치채지 못하게끔 노력하면서 비정상적인 행동을 한다. 마음이 불안하면서 죄를 감추기 위해 당황스러운 행동을 거듭하게 되는 것인데, 이는 손바닥으로 하늘을 덮으려고 하는 어리석은 행동이다. 죄를 덮기 위한 행동을 즉시 멈추어야 한다.

하나님이 보고 계신다는 사실을 잊지 마라. 사람보다 하나님을 생각해야 그나마 죄를 적게 짓는다. 다윗이 여기서 멈추었다면 적어도 살인은 면했을 것이다. 살인범 다윗이라니, 가슴 아프다.

남 이야기할 때가 아니다. 당신은 죄를 덮기 위해 당황하면서 일을 더 크게 만든 적은 없는가. 인생이 있는 곳에 객관이란 존재하지 않는 것 같다. 오직 하나님만 객관적이시다. 우리는 지금 다윗에 대한 뒷담화를 하고 있다. 그러나 실은 우리 안에 있는 죄에 대한 당황스러움과 거기서 나오는 방어적인 행동들에 대해서 말하고 있다고 보는 게 정확하다.

그가 또 우리아에게 이르되 네 집으로 내려가서 발을 씻으라 하니 우리아가 왕궁에서 나가매 왕의 음식물이 뒤따라가니라 그러나 우리아는 집으로 내려가지 아니하고 왕궁 문에서 그의 주의 모든 부하들과 더불어 잔지라 (삼하 11:8,9)

일은 틀어지고 있었다. 성경은 놀랍도록 진실하다. 죄를 감추기 위해 다윗은 전쟁터에 있는 우리아를 불러서 밧세바와 자게 만드려고 계획을 짠다. 그렇게 하면 누구의 아이인지 모르게 될 것이기 때문이다. 이런 어마어마한 비밀을 숨길 수 있다고 일을 꾸미는 다윗이 안타깝다.

그러나 다윗의 죄를 숨기기에는 우리아가 너무 의로운 사람이었다. 의로운 사람의 죽음이라니, 더 슬프고 가슴 아프다. 그렇게 의로운 사람을 죽인 악한 다윗에게서 솔로몬이 태어나고 결국 예수님이 오신다는 것도 놀랍다.

다윗은 우리아에게 선물까지 하사하면서 집으로 보내려고 했지만 그는 종들과 함께 문간에서 잠을 잤다. 우리아는 자신의 신분 혹은 맡은 바 사명을 잊지 않는 충성스러운 사람이었다. 그의 대답은 죄 가운데 있는 다윗을 절망감에 **빠트렸다**.

우리아가 다윗에게 아뢰되 언약궤와 이스라엘과 유다가 야영 중에 있고 내 주 요압과 내 왕의 부하들이 바깥 들에 진 치고 있거늘 내가 어찌 내 집으로 가서 먹고 마시고 내 처와 같이 자리이까 내가 이 일을 행하지 아니하기로 왕의 살아 계심과 왕의 혼의 살아 계심을 두고 맹세하나이다 하니라 (삼하 11:11)

다윗은 자신의 죄를 감출 수 없게 되자 더 치사한 방법을 사용한다. 우리아에게 술을 먹여 취하게 만들어서 집에 가도록 유도한 것이다. 그럼에도 우리아는 집에 가지 않았고 결국 다윗은 잔인하게도 우리아를 죽이라는 편지를 우리아의 손에 들려 보낸다.

그 편지에 써서 이르기를 너희가 우리아를 맹렬한 싸움에 앞세워 두고 너희는 뒤로 물러가서 그로 맞아 죽게 하라 하였더라 (삼하 11:15)

다윗은 자신을 위해 전쟁터에서 용감하게 싸우는 충성스러운 부하를 적군의 손에 죽게 했다. 우리아가 죽고 나서야 다윗의 죄는 멈추었다. 다윗은 자신의 죄를 덮기 위해 최선을 다했고 그 결과는 우리아의 죽음이었다.

다윗이 자신의 죄를 감추기 위해 한 모든 일을 하나님은 보고 계셨다. 항상 기억해야 한다. 자신의 모든 행동과 마음의 동기가 감찰되고 있다는 것을. 하나님을 피하여 숨을 곳은 없다.

그 장례를 마치매 다윗이 사람을 보내 그(밧세바)를 왕궁으로 데려오니 그가 그의 아내가 되어 그에게 아들을 낳으니라 **다윗이 행한 그 일이 여호와 보시기에 악하였더라** (삼하 11:27)

사람들은 하나님이 죄를 보고 계신다는 사실을 잘 모른다. 또한 다윗에게 하셨던 것처럼 그 죄에 상응하는 값을 치르게 한다는 것은 더욱 모르는 것 같다. 알면서 인정하기 싫어한다는 표현이 더 적당할 것이다.

다윗처럼 왕으로 있으면서 자신의 죄 값을 치르는 고통은 말로 할 수 없다. 지도자가 죄를 지으면 모든 백성이 함께 고통을 받는다. 또 백성들에게 권위를 잃은 왕은 얼마나 창피하겠는가. 거듭 말하지만 남의 이야기가 아니다. 자신의 죄를 감추기 위해 동분서주하는 범죄자 다윗의 모습은 죄를 짓는 사람이라면 누구나 될 수 있는 모습이기도 하다.

처참한 대가

죄를 짓고 난 후 다윗의 삶은 달라졌다. 모든 사람들이 그가 지은 죄를 알게 되었고, 그는 권위를 잃어버렸다. 그나마 최선을 다해 회개하고 돌이켜서 하나님께 버림받지는 않았으나 인생 말년에 겪은 고통들은 그가 지은 죄와 관계가 깊다고 할 것이다. 다윗의 죄악된 행동들을 보고 다윗의 아들들이나 측근들, 무엇보다 대적들이 얼마나 우습게 알겠는가.

죄는 나의 인생을 보호해주는 권위의 막을 없애버리면서 가족과 동료들 무엇보다 하나님의 보호를 받을 수 없게 만든다. 원수가 우습게 여기는 기막힌 상황으로 떨어지는 것이다.

만약 죄를 짓기 전에 하나님과 함께 승리를 경험하고 원수를 밟았던 사람이라면 그 모양이 더 안 좋게 된다. 아예 처음부터 권위가 없었다면 우습게 여겨지는 일도 그렇게 힘들지 않으리라. 그러나 당당한 권위를 가지고 왕으로 살던 사람이 권위를 잃어버렸을 때는 하루도 살기 싫어진다. 삶을 버틴 다윗이 대단하다고 할 것이다.

다윗이 우리아의 아내 밧세바와 사이에서 솔로몬을 낳고, 전쟁에서 승리하고 모든 일이 잠잠해진 것 같았을 그때, 본격적으로 다윗의 인생을 향한 공격이 시작된다.

> 그후에 이 일이 있으니라 다윗의 아들 압살롬에게 아름다운 누이가 있으니 이름은 다말이라 다윗의 다른 아들 암논이 그를 사랑하나
>
> (삼하 13:1)

결국 암논은 다말을 범하고 압살롬은 이 일을 마음에 품었다가

몇 년에 걸쳐 복수를 감행하게 된다. 압살롬이 큰형 암논을 죽인 것이다. 그리고 아버지 다윗을 향해 반란을 일으킨다. 이것은 다윗이 죄를 지었을 때 이미 예견된 일이었다. 죄를 지으면 대가를 치르게 된다.

> 여호와께서 또 이와 같이 이르시기를 보라 내가 너와 네 집에 재앙을 일으키고 내가 네 눈앞에서 네 아내를 빼앗아 네 이웃들에게 주리니 그 사람들이 네 아내들과 더불어 백주에 동침하리라 너는 은밀히 행하였으나 나는 온 이스라엘 앞에서 백주에 이 일을 행하리라 하셨나이다 하니 (삼하 12:11,12)

사람은 하나님을 두려워하면서도 죄를 짓는다. 나를 보고 계신 하나님은 두렵지만 죄가 더 달콤하기 때문이다. 하나님을 향한 의식이 더 컸다면, 달콤한 죄의 끝이 너무 써서 죄를 그쳤을 것이다. 그러나 하나님을 생각하는 것보다, 죄로 인한 고통보다 죄가 더 달콤하기 때문에 죄를 짓는다.

그리고 나서는 죄를 덮고 싶어 한다. 나중에야 어떻게 되든 당장은 죄를 덮어야 하는 것이다. 내가 지은 죄를 스스로 보는 것도 힘들거니와 그것을 남이 아는 것은 더 두렵다. 죄를 덮기 위해 더 큰 죄를 짓더라도 끝까지 죄를 감추고 싶어 한다. 죄로 말미암아 인생이 어려워진다는 것을 인정하고 싶지 않거나 알고 싶어 하지 않는다.

어찌됐건 죄는 인생을 파멸시킨다. 만약 우리아가 살아있고 일이 들통 났다면 어떻게 되었을까. 분명 다윗은 더 고통스러웠을 것이다. 간통을 저지른 여자의 남편이 살아있으니까. 그러나 적어도 살인은 하지 않았을 것이다. 자신의 죄를 덮고자 더 큰 죄를 저지르는 실수를 범해서는 안 된다.

모든 사실을 다 알고 계시는 하나님을 피하여 숨을 곳은 없다. 죄를 지었다면 즉시 멈추고 하나님 앞으로 나아가 명확한 판단을 받아야 한다. 그것이 가장 빠른 길이다.

자신을 보호하고 사람들의 눈을 피하고자 하나님 앞에서 더 큰 죄를 범해서는 안 된다. 죄는 하나님과의 관계에 가장 중요한 영향을 미친다는 것을 생각해야 한다. 하나님과 끊어진 사람은 살아도 산 것이 아니다. 인생에 아무 낙이 없다.

수치의 나날

뜻이 높은 사람 중에 잘 통제되지 않는 어두움을 가진 사람들이 있다. 그들은 나라와 다른 사람들을 위해 자신을 헌신하는 등 자신의 삶을 높은 이상 가운데 두고 귀한 가치를 실천하고자 하는 사람이다. 그들은 위대한 일을 이루어내기 위해 기꺼이 자신을 바친다. 뿐만 아니라 하나님 앞에서 겸손하고 하나님의 도움을 입는다.

그러나 그들에게도 약점은 있다. 성공을 향해 맹렬한 열정을 가진 사람들의 약점은 자신의 화려한 겉모습을 무색하게 할 만큼 초라하다. 차라리 위대한 일을 하지 못하는 평범한 사람이 큰 실수 없이 사는 것이 더 나을 수 있다. 위대한 삶의 깊은 그늘은 독을 가진 화려한 꽃처럼 위험하다.

다윗은 골리앗을 죽여 민족의 문제를 단번에 해결한 사람이었다. 그는 민족의 영웅이었다. 그에게는 모든 사람들이 두려워하고 피하는 문제에 자신의 목숨을 거는 높은 뜻과 기개가 있었다. 그것은 하나님과 자신의 민족을 향한 거룩한 열정이었다.

> 다윗이 곁에 서 있는 사람들에게 말하여 이르되 이 블레셋 사람을 죽여 이스라엘의 치욕을 제거하는 사람에게는 어떠한 대우를 하겠느냐 이 할례 받지 않은 블레셋 사람이 누구이기에 살아계시는 하나님의 군대를 모욕하겠느냐 (삼상 17:26)

골리앗이 비록 세계에서 제일 전쟁을 잘하는 사람이라 할지라도 다윗은 그 사실보다 하나님과 자신의 민족이 받는 모욕을 더 크게 여기는 사람이었다.

나를 포함해서 많은 사람이 자신의 손해는 못 참아도 불의는 기꺼이 참는다. 그러나 다윗은 근본이 다른 사람이었다. 그는 치욕을 받거나 모욕을 당하고 가만히 있는 사람이 아니었다. 그는 어려서부터 자신의 목숨을 거는 결단을 할 줄 아는 사람이었다. 사람들이 "너와 같은 소년이 어떻게 용사인 골리앗을 죽일 수 있겠냐"라고 물을 때 그는 담담하게 대답했다.

> 다윗이 사울에게 말하되 주의 종이 아버지의 양을 지킬 때에 사자나 곰이 와서 양 떼에서 새끼를 물어가면 내가 따라가서 그것을 치고 그 입에서 새끼를 건져내었고 그것이 일어나 나를 해하고자 하면 내가 그 수염을 잡고 그것을 쳐죽였나이다 (삼상 17:34, 35)

다윗은 자신이 지키고 있는 양 떼를 공격하는 사자나 곰을 쳐서 새끼를 건져내었다. 그에게는 타고난 전투정신이 있었다. 그는 어려서부터 사자와 곰과 싸우면서 양을 지켜온 남다른 경험이 있었다. 죽음에서 자신을 건지시고 사자와 곰을 죽이신 하나님을 경험한 사람이었던 것이다.

> 또 다윗이 이르되 여호와께서 나를 사자의 발톱과 곰의 발톱에서 건져내셨은즉 나를 이 블레셋 사람의 손에서도 건져내시리이다 사울이

다윗에게 이르되 가라 여호와께서 너와 함께 계시기를 원하노라
(삼상 17:37)

어려서 광야에서 목숨을 걸고 양을 쳤던 다윗은 그를 사망에서 건져주신 하나님을 경험하면서 철저하게 하나님 의존적인 사람이 되었다.

한편 그는 우울한 사람이었고 여자에게 약한 사람이었다. 그는 이스라엘에서 노래 잘하는 사람이라 불렸는데 그의 노래에는 격렬한 감정이 실리곤 했다.

> 내가 탄식함으로 피곤하여 밤마다 눈물로 내 침상을 띄우며 내 요를 적시나이다 내 눈이 근심으로 말미암아 쇠하며 내 모든 대적으로 말미암아 어두워졌나이다 악을 행하는 너희는 다 나를 떠나라 여호와께서 내 울음 소리를 들으셨도다 (시 6:6-8)

다윗의 인생에는 침상과 요를 적시면서 울어야 할 일들이 있었다. 그는 항상 자신을 공격하는 사람들에게 둘러싸여 있었다. 오직 하나님 한 분만 그의 울음소리를 듣고 해결하실 수 있었다. 그는 사울에게 쫓겨다니면서 자신이 죽였던 골리앗과 한편이었던 블레셋 사람들에게 자신을 맡겨야 했던 때도 있었다.

광야에 있는 그를 찾아온 빚지고 원통한 사람들은 위기가 올 때 다윗을 돌로 치고자 했다. 나라를 차지하고 왕이 되어서도 요압과 그의 형제들 때문에 힘이 없는 자신을 한탄했다.

말년에는 사랑하는 아들들이 일으키는 반란을 겪어야 했다. 그의 인생 내내 있었던 전쟁들은 말할 필요가 없다. 그는 평생을 치열한 일과 격렬한 감정 가운데 살았다. 아무도 다윗을 품거나 도울 수 없었다. 그는 주도적으로 새로운 길을 만드는 사람으로서 결코 사울 밑에 있을 수 없었다. 그는 하나님의 도움을 특별하게 받았고, 그 사실이 사울을 더욱 견딜 수 없게 만들었다.

여호와께서 다윗과 함께 계심을 사울이 보고 알았고 사울의 딸 미갈도 그를 사랑하므로 사울이 다윗을 더욱더욱 두려워하여 평생에 다윗의 대적이 되니라 (삼상 18:28,29)

오직 하나님만 다윗에게 권위를 사용하실 수 있었다. 그는 하나님의 말씀에만 순종하도록 훈련되어진 하나님의 의(義)의 병기였다. 다윗 자신과 모든 사람들은 그런 사실을 알았어야 했다. 어려서부터 남들이 경험할 수 없는 극한의 상황에서 하나님의 도움을 경험한 그를 사람은 품기도 어렵고 도와주기도 어렵다는 것을.

그는 성공도 스스로 해야 했지만 죄를 짓고 해결하는 것도 모두 혼자 감당해야 했다. 그랬기에 자신이 통제할 수 없는 부분에서 스스로의 경각심이 무너질 때 막을 방법이 없었던 것이다. 하나님이 인정하시는 좋은 날의 기쁨이 거두어지고 그의 수치가 분수처럼 솟아오를 때 그는 하나님과 사람들 앞에서 부끄러워졌다.

하나님을 간절히 찾는 사람

하나님이 사람을 평가하실 때 기준은 '그가 어떤 성취를 했는가'가 첫 번째가 아니다. 대신 '그가 얼마나 하나님을 의지하고 하나님의 뜻을 잘 따랐는가' 하는 것이 훨씬 중요하다.

> 오직 내 종 다윗을 위하고 이스라엘 모든 지파 중에서 택한 성읍 예루살렘을 위하여 한 지파를 솔로몬에게 주리니 이는 그들이 나를 버리고 시돈 사람의 여신 아스다롯과 모압의 신 그모스와 암몬 자손의 신 밀곰을 경배하며 **그의 아버지 다윗이 행함 같지 아니하여** 내 길로 행하지 아니하며 나 보기에 정직한 일과 내 법도와 내 율례를 행하지 아니함이니라 (왕상 11:32,33)

다윗은 하나님을 간절히 찾는 사람이었다. 비록 그가 많은 실수를 했어도 하나님을 찾는 열심만은 특심했다. 하나님은 그런 사람을 좋아하신다.

다윗의 뒤를 이어 그의 아들 솔로몬이 왕이 되었다. 그러나 아들은 아버지와 같이 행하지 못했다. 솔로몬이 아무리 큰 성전을 지었어도 하나님 앞에서 평가까지 큰 것은 아니다. 오직 하나님과의 관계에서 절대적으로 하나님을 추구하고 따르는가 하는 것이 중요하다. 하나님 앞에 갈 때까지.

다윗은 그것을 해냈다. 그가 밧세바와 죄를 지었을 때 하나님께서 가장 괴로워하신 것은 그와 하나님 사이에 깨어진 관계 때문이었을 것이다. 죄를 지은 그에게 하나님은 나단을 보내서 말씀하신다.

나단이 다윗에게 이르되 당신이 그 사람이라 이스라엘의 하나님 여호와께서 이와 같이 이르시기를 내가 너를 이스라엘 왕으로 기름 붓기 위하여 너를 사울의 손에서 구원하고 네 주인의 집을 네게 주고 네 주인의 아내들을 네 품에 두고 이스라엘과 유다 족속을 네게 맡겼느니라 만일 그것이 부족하였을 것 같으면 내가 네게 이것저것을 더 주었으리라 그러한데 어찌하여 **네가 여호와의 말씀을 업신여기고** 나 보기에 악을 행하였느냐 네가 칼로 헷 사람 우리아를 치되 암몬 자손의 칼로 죽이고 그의 아내를 빼앗아 네 아내로 삼았도다 이제 네가 나를 업신여기고 헷 사람 우리아의 아내를 빼앗아 네 아내로 삼았은즉 칼이 네 집에서 영원토록 떠나지 아니하리라 (삼하 12:7-10)

하나님께서 다윗의 죄에 대하여 말씀하실 때 제일 먼저 언급하신 것이 바로 그동안 하나님께서 그에게 어떻게 하셨는가이다. 하나님은 사울이 다윗을 죽이려 할 때 다윗을 왕으로 만들기 위해 사울의 모든 악한 시도에서 그를 건져내셨다. 더군다나 모든 사람들이 왕인 사울을 두려워하여 다윗을 피할 때 말이다. 다윗이 곤경에 처했을 때 수많은 기적들이 있었고 그 배후에 하나님이 계셨다는 것을 그는 알고 있었다. 새삼스러울 것이 없었다. 어려서부터의 경험이기 때문이다. 하나님은 그를 왕으로 세우기 위해 생명을 지키고 보호하셨다.

세상이 다 나를 우습게 여겨도 오직 하나님은 내 편이라는 자부심이 다윗에게는 있었다. 그는 하나님의 전적인 도움을 받는 명예로운 사람이었다. 그는 이스라엘의 전설이었다. 사람들은 숨죽여 가며 골리앗을 죽인 다윗의 영웅적인 거사(巨事)들을 이야기했을 것이다. 그리고 사울을 피해다니면서 하나님의 보호를 받는 의로운 사람, 다윗이 당하는 핍박에 대해 안타까워했을 것이다. 한마디로 다윗은 민족의 소망이며 핍박받는 사람들의 소망이었다. 이 모든 것이 하나님의 보호가 있었기에 가능했다.

그리하여 하나님은 다윗에게 한 나라를 맡기셨다. 목숨을 지켜주시고 나라를 책임지는 왕이 되게 하신 것이다. 다윗에게 무언가 부족했다면 이것저것 더 주실 마음이 있었다.

그런데 다윗은 어려울 때 모든 것을 동원해 도와주시고, 나라를 맡기시고, 부족한 것 없이 채워주신 하나님 앞에 죄를 지었다. 이것은 그를 지금까지 보호하고 도와온 하나님을 향한 배신이었다. 죄 없고 충성스러운 사람을 죽이고 그의 부인 빼앗으라고 하나님이 도와주셨단 말인가. 하나님은 다윗이 하나님을 '업신여겼다'고 말씀하셨다.

다윗은 자신의 어두운 부분에서는 하나님을 업신여기는 사람이었다. 이런 부조화가 있다니. 목숨을 건 헌신이 있는 사람이, 하나님을 특별하게 추구하는 사람이 여자를 차지하기 위해서 한 일을 보라. 그렇게 하나님을 많이 경험하고 도움을 받았어도 여자 문제가 걸리면 아무 소용이 없다.

아무리 인격이 훌륭한 남자라도 여자 문제는 알 수 없는 것이며 심지어 남자에게 여자 문제는 인격과 상관없는 것이라고들 한다. 이런 행동이 하나님을 업신여기는 것이다. 내가 언제 하나님을 업신여겼냐고 해서는 안 된다. 다윗이 직접 하나님을 업신여기지 않았으나 남의 여자를 빼앗으면서 하나님의 뜻에 순종하지 않을 때 하나님은 그 죄를 통하여 업신여김을 당하신다.

하나님이 애정을 쏟고 도움을 많이 준 사람일수록 더 하나님을 업신여기는 것이 된다. 조국과 조국의 교회, 교회의 지도자들인 우리는 다윗이 아닐까? 무수한 도움으로 여기까지 왔는데 모든 면에서 우리 마음대로 하고 있다. 목회자의 성적 타락, 교회의 불투명한 재정 사용, 예수님이 하라고 하신 일들에 대해 전혀 마음이 없는 우리들의 삶으로 인해 하나님은 업신여김을 받고 계신다.

하나님은 다윗에게 하셨던 것처럼 우리에게도 동일하게 행하실 것이다. 하나님은 업신여김을 받고 가만 계시는 분이 아니다. 다윗은 버림받지는 않았지만 평생에 걸쳐 징계를 받아야 했다. 하나님이 어려서부터 도우시고 돌보셨던 사람의 죄는 하나님을 고통스럽게 한다. 하나님과의 관계에 대한 깊은 부담이 있어야 한다. 나를 도우시고 피 흘리시며 나를 사랑하시는 하나님의 뜻을 알아야 한다. 우리의 어두움에 피 흘리는 하나님의 심정을 알아야만 한다.

하나님께 받은 지혜

솔로몬은 어려운 시기를 딛고 왕에 올랐다. 그는 다윗의 사랑을 받고 사람들의 인정을 받았던 유력한 형들의 반란 속에서 왕이 되었다. 이스라엘의 총사령관이었던 요압이 반란에 가담할 만큼 형들의 반란은 심각했다. 그렇게 왕이 된 솔로몬에게 하나님이 나타나셨다.

> 기브온에서 밤에 여호와께서 솔로몬의 꿈에 나타나시니라 하나님이 이르시되 내가 네게 무엇을 줄꼬 너는 구하라 (왕상 3:5)

하나님은 솔로몬이 구하는 것을 주실 마음이셨다. 그러나 그것은 한편으로는 테스트였다. 왜냐하면 하나님의 마음에 합하게 구해야 할 필요가 있었기 때문이다.

나도 언젠가 기도하다가 비슷한 경험을 했다. 하나님께서 나에게 조건 없이 구하는 대로 주실 것 같은 분위기로 묻는 듯했다.

'내가 너에게 무엇을 줄까?'

나는 냉큼 구했다.

'하나님, 우리 아들을 건강하게 해주십시오.'

하나님이 이미 응답하셨다는 마음을 주신다. 그래서 고민하다 '그렇다면 교회를 성장시켜 주십시오'라고 했더니 그것도 하나님이 알아서 하신다는 마음을 주신다.

결국 나는 나의 건강을 구했다. 하나님께서 약속하신다는 생각이 들었다. 그래서 아직까지 아주 건강하다.

하나님께서 무슨 뜻이 있으셔서 솔로몬에게 묻고 계신다는 것을 알아야 한다. 그는 하나님의 마음에 합하게 구했다. 하나님이 그의 구하는 것을 기뻐하셨기 때문이다.

나의 하나님 여호와여 주께서 종으로 종의 아버지 다윗을 대신하여 왕이 되게 하셨사오나 종은 작은 아이라 출입할 줄을 알지 못하고 주께서 택하신 백성 가운데 있나이다 그들은 큰 백성이라 수효가 많아서 셀 수도 없고 기록할 수도 없사오니 누가 주의 이 많은 백성을 재판할 수 있사오리이까 **듣는 마음을 종에게 주사 주의 백성을 재판하여 선악을 분별하게 하옵소서** (왕상 3:7-9)

솔로몬이 구한 것은 '하나님의 가르침을 듣는 마음'이었다. 듣는 마음을 구한 동기는 하나님이 맡기신 이스라엘 백성들을 선악 간에 잘 분별하여 올바른 통치를 하기 위해서였다. 일단 동기가 훌륭하다. 자기를 위하여 구하지 않고 백성의 송사를 분별하기 위한 지혜를 구했다. 그것은 하나님의 뜻에 순종하고자 하는 하나님을 향한 열정이다. 아울러 백성들을 사랑하고 나라를 잘 이끌고자 하는 군주로서의 성실한 책임감이기도 하다.

하나님께서 무언가 주신다고 하면 솔로몬처럼 하기가 쉽지 않다. 나처럼 얼른 '내 건강'을 구하기가 더 쉽다.

솔로몬이 이것을 구하매 그 말씀이 주의 마음에 든지라 이에 하나님이 그에게 이르시되 네가 이것을 구하도다 자기를 위하여 장수하기를 구하지 아니하며 부도 구하지 아니하며 자기의 원수의 생명을 멸하기도 구하지 아니하고 오직 송사를 듣고 분별하는 지혜를 구하였으니 내가 네 말대로 하여 네게 지혜롭고 총명한 마음을 주노니 네 앞에도 너와 같은 자가 없었거니와 네 뒤에도 너와 같은 자가 일어남이 없으리라 내가 또 네가 구하지 아니한 부귀와 영광도 네게 주노니 네 평생에 왕들 중에 너와 같은 자가 없을 것이라 (왕상 3:10-13)

하나님의 마음에 합하게 소원을 말한 솔로몬은 지혜로운 마음을 받았다. 그리고 덤으로 받은 것이 보통 우리가 원하는 것이었다. 이 구절이 마음을 찌른다.

"또 네가 구하지 아니한 부귀와 영광도 네게 주노니."

구하지 않은 것도 받았다. 항상 경험하는 것이지만 하나님은 우리의 좋은 아버지이시다. 그래서 구하는 것이 합당하면 구하지 않은 것도 주시고, 구한 것은 더 신경 써서 주시는 것 같다.

나는 18년 동안 자비량으로 살면서 하나님께 재정을 구하고 받았다. 그때마다 하나님은 약속하신 것보다 조금 더 후하게 주셨다. 항상 더 주시고 싶어 하시는 아버지의 마음을 느낀다. 아버지의 마음에 감동이 있다면 뭐든지 가능해지는 것 같다.

솔로몬은 하나님 아버지를 감동시켰다. 훌륭한 테스트 통과였다. 자신의 한계를 알고 듣는 마음을 구하는, 하나님을 향한 전적 신뢰와 의존을 보임으로써 모든 좋은 것을 함께 받았던 것이다. 하나님 아버지께서 주시는 선물은 패키지로 온다.

그후 솔로몬이 하나님께 받은 지혜가 무엇인지 볼 수 있는 기회가 주어졌다.

그때에 창기 두 여자가 왕에게 와서 그 앞에 서며 한 여자는 말하되 내 주여 나와 이 여자가 한집에서 사는데 내가 그와 함께 집에 있으며 해산하였더니 내가 해산한 지 사흘 만에 이 여자도 해산하고 우리가 함께 있었고 우리 둘 외에는 집에 다른 사람이 없었나이다 그런데 밤에 저 여자가 그의 아들 위에 누우므로 그의 아들이 죽으니 (왕상 3:16-19)

한 아이가 죽었고 두 여자가 서로 산 아이가 자신의 아이라고 우기는 상황이 벌어졌다. 솔로몬은 이 상황에서 아이를 둘로 나누어서 두 사람에게 나누어주라고 명령한다. 진짜 아이의 엄마가 아이를 죽이지 말라고 하고 결국 그가 아이의 엄마임이 밝혀진다. 솔로몬이 받은 지혜는 사람의 마음 깊숙한 곳에 감추인 것을 드러내는 지혜였다.

인간적인 지혜로는 두 여인의 마음을 알기 어렵다. 사실 문제가 무엇인지도 정의하기 쉽지 않다. 한 아이를 놓고 싸우는 두 여인의 문제는 수치심과 책임 회피이다. 자다가 실수로 자신의 아이를 죽인 엄마의 수치심과 공포를 솔로몬은 정확하게 파악했다. 증인이 없어서 말로는 누가 엄마인지 도저히 분간하기 어려운 상황에서 솔로몬은 수치심을 가려줄 수 있는 판결을 내린다. 그 판결에 자신의 수치심을 회복할 수 있는 기회를 갖는 사람이 반응했고, 수치심보다 아이의 생명이 중요했던 사람은 울면서 아이를 지키고자 했다. 사람의 마음 깊은 곳에 있는 드러나지 않는 공포감과 수치심을 알고 문제를 해결하는 것은 하나님이 주신 지혜가 아니면 불가능하다.

죄로 약화된 의존

복(福)을 받고 승승장구하던 솔로몬에게도 약점이 있었다. 그의 아버지가 가지고 있던 것과 동일한 약점이었다.

솔로몬 왕이 바로의 딸 외에 이방의 많은 여인을 사랑하였으니 곧 모압과 암몬과 에돔과 시돈과 헷 여인이라 여호와께서 일찍이 이 여러 백성에 대하여 이스라엘 자손에게 말씀하시기를 너희는 그들과 서로 통혼하지 말며 그들도 너희와 서로 통혼하게 하지 말라 그들이 반드시 너희의 마음을 돌려 그들의 신들을 따르게 하리라 하셨으나 솔로몬이 그들을 사랑하였더라 (왕상 11:1,2)

솔로몬은 그의 아버지 다윗처럼 많은 여인을 사랑했다. 고대의 왕으로서 흔히 있는 일이라고 할 것이다.

그러나 문제는 다윗과 같이 그도 하나님이 허락하시지 않은 사람을 사랑했다는 것이다. 돈과 성(性)은 하나님 의존을 심각하게 훼손하는 중요한 문제이다. 누가 돈과 성에서 하나님을 충분히 의존할 수 있다고 자신하겠는가.

만약 어떤 자매에게 정말 좋은 형제가 나타났는데 그가 하나님 의존에 문제를 일으키는 사람이라고 해서 쉽게 포기할 수 있겠는가. 마찬가지로 형제들에게는 완전히 하나님을 모른 척할 수 있는 조건이 성이다. 그래서 청년들이 하나님 중심의 삶을 한참 훈련할 때 꼭 나타나는 시험이 이성(異性)이다. 자매를 보호하고 희생할 수 있는 매력있는 형제가 나타나고 형제가 혹하는 예쁜 자매가 나타나는 것이다. 그러면 백발백중 하나님은 온데간데없고 마음이 사람에게 쏠려서 하나님 중심으로 살라고 권면하는 목자와의 관계가 깨어진다.

그동안 청년들을 돌보면서 사람의 연약함에 대한 지혜가 생겼다. 그들의 문제를 지적하는 것보다 인격적인 돌봄이 먼저임을 알기 때문에 자신이 원하는 대로 선택하게 내버려둔다. 그리고 그 선택 이후에 돌봄을 계속하는데, 이는 참 어려운 일이다.

하나님을 향한 의존을 약화시키는 것을 유심히 살펴서 조심해야 한다. 솔로몬은 이방 여인을 조심하라는 하나님의 권면을 듣지 않았다. 결국 이방 여인들은 그의 마음을 빼앗아 하나님을 의존하는 데서 떠나 그녀들이 섬기는 이방신에게 가게 만들었다.

솔로몬이 마음을 돌려 이스라엘의 하나님 여호와를 떠나므로 여호와께서 그에게 진노하시니라 여호와께서 일찍이 두 번이나 그에게 나타나시고 이 일에 대하여 명령하사 다른 신을 따르지 말라 하셨으나 그가 여호와의 명령을 지키지 않았으므로 (왕상 11:9,10)

솔로몬은 간이 참 크다. 하나님이 두 번이나 나타나셨는데도 그는 말을 듣지 않는다. 하나님이 나타나시기 전에 분위기만 이상해도 얼른 돌아가야 할 것만 같은데, 부요함과 풍성함이 그를 하나님의 경고도 무서워하지 않는 사람으로 만들었다. 죄라는 게 이렇게 무섭다. 이런 경우에 하나님께서 꼭 하시는 말씀이 있다.

솔로몬이 나이가 많을 때에 그의 여인들이 그의 마음을 돌려 다른 신들을 따르게 하였으므로 **왕의 마음이 그의 아버지 다윗의 마음과 같지 아니하여 그의 하나님 여호와 앞에 온전하지 못하였으니**

(왕상 11:4)

솔로몬 이후로도 왕들은 늘 다윗의 마음과 비교를 당했다. 다윗의 마음과 비교하며 탄식하시는 하나님의 아픔이 왕들의 기록 곳곳에 나타난다. 사실 모든 사람이 다윗과 비교당하고 있는지 모른다. 모든 상황에서 하나님을 찾고 의존하는 마음을 가지고 있었던 다윗과 말이다.

내가 여호와를 기다리고 기다렸더니 귀를 기울이사 나의 부르짖음을 들으셨도다 나를 기가 막힐 웅덩이와 수렁에서 끌어올리시고 내 발을 반석 위에 두사 내 걸음을 견고하게 하셨도다 새 노래 곧 우리 하나님께 올릴 찬송을 내 입에 두셨으니 많은 사람이 보고 두려워하여 여호와를 의지하리로다 (시 40:1-3)

4장
깊은 회개와 회복

수고에 대한 공감

그는 육체에 계실 때에 자기를 죽음에서 능히 구원하실 이에게 심한 통곡과 눈물로 간구와 소원을 올렸고 그의 경건하심으로 말미암아 들으심을 얻었느니라 그가 아들이시면서도 받으신 고난으로 순종함을 배워서 (히 5:7,8)

예수님은 잡히시기 전날 밤에 많이 우셨다. 그리고 제자들에게 한 번도 하신 적이 없는 부탁을 하셨다. 자기와 함께 깨어서 기도해 달라는 것이었다.

물론 제자들은 아무도 예수님의 고난에 동참할 수 없었다.

베드로와 세베대의 두 아들을 데리고 가실새 고민하고 슬퍼하사 이에 말씀하시되 내 마음이 매우 고민하여 죽게 되었으니 너희는 여기 머물러 나와 함께 깨어 있으라 하시고 (마 26:37,38)

그러나 제자들은 슬픔 가운데 잠들어 있었고 예수님은 다가올 고난을 위해 기도하셨다. 그것은 죽음의 공포와 싸움이었다. 천사들이 예수님을 도왔으나 결국 모든 짐은 예수님 혼자 지고 가서야 했다. 예수님은 그 밤에 혼자 통곡과 피눈물로 기도하셨다.

천사가 하늘로부터 예수께 나타나 힘을 더하더라 예수께서 힘쓰고 애써 더욱 간절히 기도하시니 땀이 땅에 떨어지는 핏방울같이 되더라 (눅 22:43,44)

예수님은 십자가에 못 박히셨다. 그러나 자신을 못 박은 사람들을 용서하셨다.

해골이라 하는 곳에 이르러 거기서 예수를 십자가에 못 박고 두 행악자도 그렇게 하니 하나는 우편에, 하나는 좌편에 있더라 이에 예수께서 이르시되 아버지 저들을 사하여 주옵소서 자기들이 하는 것을 알지 못함이니이다 하시더라 그들이 그의 옷을 나눠 제비 뽑을 새
(눅 23:33, 34)

그들은 예수님을 십자가에 못 박고 벗긴 옷을 누가 가질지 제비 뽑았다. 그리고 왕이라고 하면서 자신을 구원하지 못하는 예수님을 비웃었다. 그러나 분명히 예수님은 베드로에게 자신을 위험에서 스스로 건질 수 있는 힘이 있음을 말씀하셨다.

이에 예수께서 이르시되 네 칼을 도로 칼집에 꽂으라 칼을 가지는 자는 다 칼로 망하느니라 너는 내가 내 아버지께 구하여 지금 열두 군단 더 되는 천사를 보내시게 할 수 없는 줄로 아느냐 내가 만일 그렇게 하면 이런 일이 있으리라 한 성경이 어떻게 이루어지겠느냐 하시더라
(마 26:52-54)

예수님은 스스로를 충분히 구원하실 수 있었지만, 십자가를 지시는 것이 그의 사명이었기에 하나님께 온전히 순종하셨고, 수치와 고통을 받으며 십자가에서 운명을 달리하셨다.

때가 제육 시쯤 되어 해가 빛을 잃고 온 땅에 어둠이 임하여 제구 시

까지 계속하며 성소의 휘장이 한가운데가 찢어지더라 예수께서 큰 소리로 불러 이르시되 아버지 내 영혼을 아버지 손에 부탁하나이다 하고 이 말씀을 하신 후 숨지시니라 (눅 23:44-46)

예수님 자신을 십자가에 내어주신 일에 대해서 히브리서는 이렇게 말한다.

이는 확실히 천사들을 붙들어 주려 하심이 아니요 오직 아브라함의 자손을 붙들어주려 하심이라 그러므로 그가 범사에 형제들과 같이 되심이 마땅하도다 이는 하나님의 일에 자비하고 신실한 대제사장이 되어 백성의 죄를 속량하려 하심이라 그가 시험을 받아 고난을 당하셨은즉 시험받는 자들을 능히 도우실 수 있느니라 (히 2:16-18)

예수님은 우리와 같은 모양이 되셔서 십자가에 죽으심으로 우리 죄를 속량하셨다. 그는 우리와 동일하게 고난과 시험을 받으셔서 그것이 어떤 것인지 아신다. 고난과 시험에 빠진 우리를 돕기 위해 그는 십자가를 지셨고 우리 죄를 단번에 해결하시고 속량하신 것이었다.

우리에게 있는 대제사장은 우리의 연약함을 동정하지 못하실 이가 아

니요 모든 일에 우리와 똑같이 시험을 받으신 이로되 죄는 없으시니라 (히 4:15)

우리 안에 예수님의 고난과 수고에 대한 깊은 공감이 있어야 한다. 사람들에게 비이성적으로 십자가를 경험하도록 조장하는 경우가 있다. 중세 수도자들 중에도 이런 과정을 동일하게 경험하려 했던 사람들이 있었다. 아무래도 그것은 개신교 전통에서 어긋날 수 있다. 말씀을 읽고 예수님을 증거하시는 성령 하나님의 인도하심을 따라 인격적으로 느끼는 것이 가장 좋다.

예수님의 고난과 수고 그리고 나를 향한 사랑을 인격적으로 느끼지 못하면 철든 그리스도인이 아니다. 엄마가 고생한 것을 보며 자란 자녀는 엄마를 위해 무언가를 해야한다는 생각이 들 것이다.

인도네시아 유스코스타(Youth Costa 해외 유학중인 청소년들을 위한 집회)에서 엄마의 기도로 미국의 좋은 대학에 진학한 형제의 강의를 들었다. 모든 청소년들이 그를 좋아했고 그는 참석한 청소년들의 모범 사례라 할만했다. 그는 어려서부터 음악을 좋아하여 공부에 취미가 없는 아이였다. 믿음의 어머니는 아들을 위해 열심히 기도했는데 그는 그런 기도가 너무 부담스러워서 화를 내기도 했다. 그러면서도 속으로는 엄마가 자신에게 하는 말이 맞다고 생각했다고 한다. 그리고 당시 엄마의 마음을 아프게 하고 있었지만 사실은 엄마를 위해 무언가 기쁜 일을 하고 싶었다고 했다. 바로 그 마음이 중요하다.

나를 위해 피 흘리신 예수님을 위해 아무것도 한 것이 없고 잘 살지도 못하지만 '예수님이 나를 위해 피 흘리신 것은 맞고 나는 지금 틀렸다'는 정직한 마음이 일어나기를 기도한다. 엄마의 수고를 모르는 철없는 아이가 어찌 잘될 것인가. 예수님의 피 흘리심과 고난을 이해하지 못하는 그리스도인이 어찌 자신의 죄를 가슴 아파할 것인가. 예수님의 피 흘리심에 대한 깊은 공감이 없다는 게 우리의 문제다.

십자가 앞으로

회개를 하자면 나의 죄를 위해 피 흘리신 예수님의 심정을 구할 필요가 있다. 이 부분에서 간절한 기도가 필요하다.

청소년 집회나 은혜를 많이 경험하지 못한 지체들을 상대로 강의할 때 이 부분이 가장 힘들다. 자신의 죄를 위해 예수님이 피를 흘리셨다는 사실이 깊이 와 닿지 않는 것이다. 사실 믿음의 선배들은 자신을 위해 피 흘리신 예수님의 수고와 희생이 삶에 큰 동기부여가 된 것이 분명했다. 그들은 예수님을 위해 죽기도 하며 살기도 한다.

베드로에 관해 전해오는 말처럼, 그가 십자가에 거꾸로 못 박혔다는 것은 당시 제자들의 마음가짐, 즉 예수님의 십자가에 대한 그들의 태도를 보여주는 것이라고 생각한다.

"왜 나의 죄를 대신하여 예수님이 피를 흘리시는가?"

어떤 사람에게는 이 사실이 당황스러울 수 있다.

언젠가 청소년들에게 친구를 때려 코피를 낸 것은 죄인가 아닌가 하고 물은 적이 있다. 다행스럽게 청소년들이 죄라고 말해주었다. 하지만 보통 청소년들은 죄가 아니라고 한다. 죄가 없으므로 죄를 용서받는 것도 의미가 없고 더군다나 자신의 죄를 위해 예수님이 피 흘리셨다는 게 깊이 와 닿지 않는 것이다.

"친구 코피를 낸 것이 죄라면 어떻게 해야 그 죄를 용서받을 수 있겠니?"

당연히 회개를 해야 한다고 할 줄 알았지만 아이들은 항상 내 기대를 무너뜨린다. 첫 번째 용감하게 손을 든 친구가 대답한다.

"내 코피를 터트리게 해요."

모두가 웃었고 나는 당황했다.

'아… 그동안 주일학교에서 무엇을 배웠단 말인가!'

내 표정이 안 좋은 것을 보았는지 다른 아이가 손을 든다.

"헌혈해요."

점점 어려워진다. 이런 상황에서는 믿음이 좋아 보이는 여고생들에게 물어보아야 한다. 다행히 여고생 한 명이 정답을 말해준다.
"예수님께 회개해요."

그리스도께서는 장래 좋은 일의 대제사장으로 오사 손으로 짓지 아니한 것 곧 이 창조에 속하지 아니한 더 크고 온전한 장막으로 말미암아 염소와 송아지의 피로 하지 아니하고 오직 자기의 피로 영원한 속죄를 이루사 단번에 성소에 들어가셨느니라 염소와 황소의 피와 및 암송아지의 재를 부정한 자에게 뿌려 그 육체를 정결하게 하여 거룩하게 하거든 **하물며 영원하신 성령으로 말미암아 흠 없는 자기를 하나님께 드린 그리스도의 피가 어찌 너희 양심을 죽은 행실에서 깨끗하게 하고 살아계신 하나님을 섬기게 하지 못하겠느냐** (히 9:11-14)

예수님께서 피를 흘리심으로 우리는 깨끗함을 얻었다. 예수님의 보혈은 우리의 양심을 죽은 행실에서 깨끗하게 하여 살아계신 하나님을 섬기게 한다. 그러므로 예수님이 나의 죄를 위해 피를 흘리셨다는 사실에 대해서 인격적으로 느끼는 것이 필요하다. 그러기 위해서는 간절히 기도해야 한다.

'나를 위해 피 흘리신 예수님의 심정을 알게 하옵소서.'

이것을 알지 못하면 죄를 깨달을 수 없고 죄와 싸우겠다는 마음도 일어나지 않는다. 알 때까지 계속해서 기도해야 한다. 만약 기도해서 예수님의 심정을 알았다면 자신의 죄에 대한 깊은 회개가 일어날 것이다. 하지만 시간이 지나면 또 그 마음이 약해진다. 그렇기에 이런 마음은 신앙의 초보 때만이 아니라 항상 가져야 하고 평생토록 우리 삶의 동기가 되어야 한다.

나를 위해 피 흘리신 예수님의 심정이 나를 살게 한다. 날마다 예수님의 십자가를 져야 한다. 그것은 인위적이고 인간적인 마음의 반복이 아니다. 예수님을 묵상하면서 나의 삶을 살피는 과정에서 생기는 자연스러운 성령의 역사이다. 예수님의 마음을 놓치면 마음은 그 자리에 가만히 있는 것이 아니라 내 욕심으로 흘러가기 마련이다. 십자가를 알지 못하거나 놓친 마음은 예수님과는 상관없는 마음이다. 나를 위해 십자가를 지신 예수님의 심정을 날마다 구하자. 혹 이 마음이 약해지면 겸손하게 자신의 마음을 가난하게 할 필요가 있다.

이럴 때는 금식이 큰 도움이 된다. 금식을 많이 하지 못했지만 몇 번의 경험을 통해 금식이 스스로를 가난하고 약하게 만들어서 예수님을 향해 겸손한 마음을 갖도록 해준다는 것을 알았다. 물론 행위에는 한계가 있지만 우리 마음이 스스로 가난해지고자 한다면 예수님은 반드시 십자가에서 벗어나지 않도록 도와주실 것이다.

형식적인 관계

강의를 가서 물었다.

"자신이 지은 죄가 열 개라면 그중에서 슬픈 마음으로 진실한 회개를 몇 개나 하나요?"

대부분 하나 혹은 두 개라고 말한다. 지은 죄의 십 혹은 이십 퍼센트만을 회개하면서 날 위해 피 흘리신 하나님과 관계를 맺고 있는 것이다.

죄를 지은 사람은 가장 먼저 하나님과의 관계를 형식적으로 만든다. 그들은 절대로 자신의 깊은 속마음을 말하지 않는다. 자신의 느낌이나 생각을 나누는 것을 지극히 싫어한다. 그러면서 다른 사람이 마음속 이야기를 하면 불편해하고 판단한다. 심지어 비웃기도 한다. 아마도 자신을 방어하기 위해 그럴 것이다. 그들은 조금이라도 마음의 내용이 나올 것 같으면 화제를 재빠르게 돌린다. 그래서 그들과 진지한 대화는 거의 불가능하다. 보통은 자신의 속마음을 감출 수 있는 가벼운 일이나 자신의 의로움을 드러내는 일에 관심을 표현한다.

만약 주변 분위기가 계속 진지하고 자신의 깊은 마음을 건드린다면 그는 이런 모임이 파산하기를 원한다. 아니면 어떤 사람이 극단적으로 문제를 일으켜서 모든 관심이 그쪽으로 쏠리길 바란다. 그래야 자신이 이런 분위기에서 벗어날 수 있기 때문이다. 끊임없이 누군가 문제가 있을 것이라고 생각하고 그 문제가 터지기를 간절히 기다리면서 조금만 그런 낌새가 있어도 말을 부풀린다. 곧 문제가 일어날 것처럼 말하지만 문제는 일어나지 않는다. 자신을 감추고 싶은 마음에 말을 부풀린 것뿐이다.

죄를 짓고 형식적으로 관계를 맺는 사람은 자신의 문제 대신 남의 문제를 이야기하고 내면이 아니라 형식적인 일을 말한다. 문제는 하나님 앞에서도 그렇다는 것이다. 하나님께 심각하고 진지한 이야기를 하지 않는다. 그는 오랜 시간 동안 형식적으로 하나님 앞에 나아갔기 때문에 언제 죄를 지었는지, 그 죄가 하나님과의 관계에 무슨 문제를 일으켰는지 알지 못한다. 정확하게 말하자면 지금 하나님이 그런 자신을 향하여 무슨 생각을 가지고 계시는지 알지 못한다. 그럼에도 이들은 하나님이 여전히 자신을 사랑한다고 믿고 싶어 한다.

이런 사람들에게 면죄부를 주는 사람들이 있다. "당신이 무슨 일을 하든 하나님은 당신을 사랑하신다"라고 말해주는 사람들이다. 사랑의 하나님이라는 속성을 죄인을 향하여 묻지도 따지지도 않는다는 의미로 사용해서는 안 된다. "당신은 반드시 당신의 죄를 알고 그 죄를 향한 하나님의 피 값을 알아야 한다"라는 진지한 사랑을 말해주어야 한다. 하나님과의 관계가 형식적으로 변한 데는 죄에 대한 잘못된 태도가 가장 큰 요인이다.

사람들의 죄에 대하여 하나님은 아직 용서를 하시지 않았음에도 사람이 사람을 용서해준다. 대체 누가 누구를 용서하는 것인가. 죄를 지은 사람과 하나님 사이에 있어야 할 진지한 관계의 회복 없이 누가 용서받았다고 자신할 수 있는가. 용서는 인격적인 관계 안에서 세밀하게 이루어져야 한다. 하나님께서 하시지 않은 용서를 사람이 대신함으로써 하나님과 보다 친밀한 관계로 발전하는 것을 가로막아서는 안 된다.

인자야 내가 너를 이스라엘 족속의 파수꾼으로 삼음이 이와 같으니라 그런즉 너는 내 입의 말을 듣고 나를 대신하여 그들에게 경고할지어다 가령 내가 악인에게 이르기를 악인아 너는 반드시 죽으리라 하였다 하자 네가 그 악인에게 말로 경고하여 그의 길에서 떠나게 하지 아니하면 그 악인은 자기 죄악으로 말미암아 죽으려니와 내가 그의 피를 네 손에서 찾으리라 (겔 33:7,8)

너는 그들에게 말하라 주 여호와의 말씀이니라 나의 삶을 두고 맹세하노니 나는 악인이 죽는 것을 기뻐하지 아니하고 악인이 그의 길에서 돌이켜 떠나 사는 것을 기뻐하노라 이스라엘 족속아 돌이키고 돌이키라 너희 악한 길에서 떠나라 어찌 죽고자 하느냐 하셨다 하라 (겔 33:11)

악한 일을 저지른 사람도 하나님 앞에서 죽지만 그 악인이 죽는 이유를 정확하게 말해주지 않는 사람도 책임을 회피할 수 없다. 악을 행하고 있는 사람을 향해 아무 일도 없을 것이라고 말하면 모든 책임은 그렇게 말한 자신이 져야 함을 기억하라. 하나님은 악한 길에 있는 사람이라도 회개하고 돌아오는 것을 원하신다. 그 일에 대해서 말해주어야 한다. 하나님은 분명 우리에게 그 책임을 묻겠다고 말씀하셨기 때문이다. 진지한 회개가 없으니 진지한 관계 회복이 없는 것이다. 관계가 진실로 회복되지 않았는데 무엇을 한들 의미가 있겠는가.

회개를 대신하는 것들

주로 청년들 모임과 훈련 프로그램에서만 강의를 하다가 언제부터인가 어른들 예배에 가서도 설교를 하게 되었다. 아주 가끔 부흥회 설교를 하기도 했다.

그때마다 설교는 어렵지 않지만 헌금을 위해 기도하는 시간은 낯설고 힘들었다. 설교하기 전에 강대상에 올라와 있는 헌금을 위해 기도해달라는 목사님들의 간곡한 부탁에도 내가 힘들어서 하지 못했다.

고의적으로 하지 않았다가 얼마나 불편했는지 목사님과 얼굴을 마주치지 못할 정도였다. 어찌어찌 해서 목사님 입장을 생각하고 성도들의 마음을 생각해서 기도를 했다. 그럼에도 헌금 봉투에 쓰여 있는 기도제목을 읽고 축복하면서 기도하는 것이 힘들었다. 정확한 이유는 모르겠지만 그냥 싫었다.

나중에 곰곰이 생각해 보았다.

'왜 그게 힘들까?'

헌금 봉투에 있는 기도제목은 주로 사람들의 소원이다. 소원이 소중하지만 한편으로는 조금 걱정도 된다. 다는 아니겠지만 헌금으로 하나님과의 인격적인 관계를 대신하지는 않나 하는 생각 때문이다.

보통 자녀와 함께 있지 못하고 도와주지 못하는 부모들이 자녀와의 관계를 돈으로 해결하려는 경향을 보인다. 사람에게는 그런 성향이 있다. 시간이 오래 필요한 인격적인 관계 대신에 단기간에 말이 필요 없이 효과를 낼 수 있는 돈으로 친밀함을 사고 싶은 유혹 말이다.

> 네가 이스라엘 자손의 수효를 조사할 때에 조사 받은 각 사람은 그들을 계수할 때에 자기의 생명의 속전을 여호와께 드릴지니 이는 그것을 계수할 때에 그들 중에 질병이 없게 하려 함이라 (…) 너희의 생명을 대속하기 위하여 여호와께 드릴 때에 부자라고 반 세겔에서 더 내지 말고 가난한 자라고 덜 내지 말지며 (출 30:12,15)

하나님께 드리는 헌금 중에는 우리의 죄를 속죄하는 생명의 속전(贖錢) 개념이 있다. 위 말씀은 구약의 이스라엘 백성들에게 하는 명령이지만 지금 우리에게도 물질에 대해 생각하게 하는 본문이 될 수 있다. 생명의 속전 개념으로 드리는 헌금은 생명을 살려주신 하나님께 대한 감사이다. 여기에는 부자와 가난한 사람의 차이가 없다. 생명에 부자와 가난한 자의 차이가 없기 때문이다.

하나님께 드리는 물질이 세금처럼 느껴지거나 무언가를 얻어내기 위한 장치가 되어서는 안 된다. 그것은 무언가 마음에 켕기는 것을 돈으로 사고 싶어 하는 인간적인 생각의 발로일 수 있다. 우리가 헌금할 때 우리 마음이 먼저 하나님께 드려지고 있음을 알아야 한다. 헌금은 하나님과 친밀한 관계 안에서 기쁨으로 드려져야 한다.

헌금만 아니라 우리가 드리는 예배도 자신의 죄를 덮는 종교행사가 되어서는 안 된다. 예배를 통해 하나님과의 인격적인 관계가 회복되고 나의 주인이시자 아버지이신 하나님께 영광을 돌려야 한다. 일주일 동안 타락했던 삶, 내 마음대로 살았던 삶에 대한 해결로서 예배 자리에 있는 것은 고통이다. 먼저 예배를 받으시는 하나님께 고통이다. 누군가와 만났는데 그 사람이 자신의 목적을 이루기 위해 아무런 인격적인 연결 없이 그냥 앉아 있다면 같이 있는 시간이 얼마나 괴로울 것인가!

예배를 드리러 오기 전에 하나님과의 관계 속에서 문제가 있는 영역을 만지고 기도의 자리에 나가 용서를 받고 예배를 통해 하나님께 영광을 돌려야 한다. 예배 시간은 짧다. 그 시간에 용서를 빌고 용서를 받고 영광을 돌리기에는 촉박하다. 평소부터 하나님과 인격적인 관계 속에서 잘 연결되어 있다가 예배를 통하여 하나님께 영광을 돌리고 새롭게 되는 시간이 되어야 한다.

다시 말하지만 예배를 형식적으로, 자신의 죄를 덮는 면피용으로, 인격적인 연결이 없이 드리는 것은 하나님을 괴롭게 한다. 예배를 드렸다는 것도 소중하지만 살아계신 하나님과의 인격적인 관계 속에서 살아있는 예배를 드리는 것이 더 아름답다.

지칠 줄 모르는 회개

자신의 죄에 가슴 아파하는 사람들이 있다. 은혜를 받은 사람이라고 할 수 있다. 그러나 자신의 죄에 가슴 아파서 회개를 하면서도 죄를 끊지 못하는 경우, 회개는 어떤 가치를 갖는지 고민하게 된다. 자신의 죄가 슬프다. 그래서 회개를 한다. 그런데 죄가 반복되고 회개도 동일하게 반복된다. 결국 반복되는 회개에 자신이 지치고 만다.

"왜 제게는 바울 같은 그런 극적인 변화가 없을까요?"

실제로 이런 진지한 질문을 받은 적이 있다. 내가 보기에 그의 얼굴은 진실했다. 내 경험으로 볼 때 이런 사람들은 하나같이 바울 환상을 좋아한다. 하나님의 사람들을 핍박하는 자였던 바울이 다메섹에서 단 한 번 주를 뵙고 나서 하나님의 일꾼이 되는 극적인 변화 스토리.

나는 이런 경우 듣는 사람이 좀 민망해하더라도 꼭 말을 한다.
"바울은 우리가 생각하는 그런 범죄자가 아닙니다."

바울은 분명 예수 믿는 사람들을 핍박했다. 그러나 그것은 그 나름대로 하나님을 위한 열심에서 한 일이었다. 한마디로 그는 방향을 잘못 잡은 것이지 우리 같은 조악한 죄를 짓는 사람이 아니었다. 본래 하나님을 향해 열심이 특심했던 바울은 하나님께서 제대로 된 방향을 제시하자마자 바로 방향을 바꿀 수 있었다.

율법적인 생활에 철저했던 바울이 은혜를 경험하니 얼마나 자유롭고 거룩했을 것인가! 비유가 적절한지 모르겠지만, 조선시대 양반이 은혜를 받고 예수님을 믿었다면 절개와 지조를 지키며 대의를 위해 목숨을 희생하는 삶을 살았을 것이라고 추측할 수 있는 것과 비슷하다. 바울은 그런 경우이다. 그런데 은혜를 받았어도 우리 삶은 거룩한 습관과는 거리가 멀다. 때문에 우리는 죄가 끊어질 때까지 회개를 해야 한다. 회개 외에는 다른 방법이 없기 때문이다. 회개에 지치지 말아야 한다.

회개는 태도와 행동을 돌이키는 것을 포함한다. 말만 회개하고 행동은 그대로인 채 거룩함을 기대하는 것은 무리다. 행동이 변해야 한다. 죄를 안 짓는 정도의 행동은 거룩함을 보장하지 못한다. 성령의 뜻에 순종하는 거룩한 헌신이 필요하다. 바울에게는 지칠 줄 모르는 헌신이 있었다. 그는 남은 생애 복음을 전하는 삶을 살았다. 이방인에게 복음을 증거하다가 수많은 고난을 겪었으나 포기하거나 타협하지 않고 계속해서 복음을 증거하는 삶에 헌신했다.

우리가 회개하는 것은 다시 하나님을 사랑하기 위해서이다. 회개했으면 헌신해야 한다. 그래야 회개가 반복되는 지루하고 고통스러운 삶을 끝낼 수 있다. 한참 죄와 투쟁하고 회개하면서 치열하게 살 때 나의 삶은 마치 토한 것을 다시 먹는 개와 같다는 성경의 표현 그대로였다. 몹시 고통스러웠다. 만약 누군가를 용서했다가 다시 미워하는 것을 반복하고 있다면 그는 토한 것을 다시 먹는 개와 같다는 것을 알아야 한다.

과거와는 다른 삶을 살고 싶다면 예수님을 나타내는 삶에 헌신해야 한다. 새로운 삶에 헌신하지 않으면 뒤로 물러나서 다시 죄 가운데로 가기 쉽다. 그러다가 상태가 더 안 좋아져서 스스로에게도 회개가 효력이 없어지는 날이 올지도 모른다. 고난과 헌신은 우리를 참된 회개로 이끌어준다.

죽음같이 강한 사랑

예수님은 제자들과 최후의 만찬을 하시고 자신이 잡히실 것과 제자들이 흩어질 것에 대해서 말씀하셨다. 그러자 베드로를 비롯한 모든 제자들이 다 그런 일은 없을 것이라고 말했다.

베드로가 힘있게 말하되 내가 주와 함께 죽을지언정 주를 부인하지 않겠나이다 하고 모든 제자도 이와 같이 말하니라 (막 14:31)

베드로는 주와 함께 감옥에도 가고 죽는 데도 가기로 맹세했다. 예수님은 그 말에 대해서 담담하게 말씀하셨다.

예수께서 이르시되 내가 진실로 네게 이르노니 오늘 이 밤 닭이 두 번 울기 전에 네가 세 번 나를 부인하리라 (막 14:30)

안타깝다. 베드로는 분명히 예수님을 사랑했으나 그것은 인간적인 장담이었다. 사탄이 밀 까부르듯 하는 강력한 시험을 이기는 사랑이 아니었다. 누구나 자신의 인간적인 기대에서 나오는 사랑을 한다. 자신이 원하는 것을 하나님이 들어주시거나 아픈 것을 고쳐주시면 하나님을 사랑한다고 말한다. 이런 사랑은 아직 죽음을 통과하지 못한 약한 사랑이다.

죽음같이 강한 사랑을 하지 않으면 결코 육신을 이길 수 없다. 죄를 즐기면서 예수님을 사랑한다고 말할 수 있다(사람은 언제나 한 입으로 두 말 할 수 있는 존재니까). 베드로는 분명히 예수님을 사랑했지만 그 사랑은 죽음같이 강한 사랑이 아니었다. 예수님이 잡히시고 모든 제자들이 도망갔을 때 그와 또 다른 제자는 예수님을 뒤에서 따라갔다.

> 시몬 베드로와 또 다른 제자 한 사람이 예수를 따르니 이 제자는 대제사장과 아는 사람이라 예수와 함께 대제사장의 집 뜰에 들어가고 베드로는 문 밖에 서 있는지라 대제사장을 아는 그 다른 제자가 나가서 문 지키는 여자에게 말하여 베드로를 데리고 들어오니 (요 18:15,16)

그는 또 다른 제자의 도움으로 예수님이 심문받으시는 집 뜰에 들어갔다. 그는 이 상황이 어떻게 진행될지 알지 못했다. 그 집에 들어가려고 할 때 문을 지키는 여자가 그에게 물었다.

> 문 지키는 여종이 베드로에게 말하되 너도 이 사람의 제자 중 하나가 아니냐 하니 그가 말하되 **나는 아니라** 하고 (요 18:17)

베드로의 첫 번째 부인이었다. 앞으로도 두 번이나 더 예수님을 부인해야 그는 넘어질 것이었다. 인간적인 사랑은 무너져야 한다. 왜냐면 죽음같이 강한 사랑이 아닌 사랑은 결정적인 헌신을 일으키지 못하기 때문이다.

존귀하신 예수님은 대제사장의 아랫사람이 때리는 매를 맞으시면서 심문을 받고 계셨다. 용서할 수 없는 일이 일어나고 있었다. 그러나 베드로는 두려움에 붙잡혀서 불을 쬐고 있었다. 결박당하여 맞으면서 심문을 받고 계시는 예수님과 서서 불을 쬐고 있는 베드로. 그의 부인은 점점 더 강력해지고 있었다.

시몬 베드로가 서서 불을 쬐더니 사람들이 묻되 너도 그 제자 중 하나가 아니냐 베드로가 부인하여 이르되 **나는 아니라** 하니 대제사장의 종 하나는 베드로에게 귀를 잘린 사람의 친척이라 (요 18:25,26)

베드로를 예수님의 제자라고 주장하는 사람은 예수님이 잡히시던 동산에서 그가 칼을 들어서 귀를 잘랐던 사람의 친척이었다. 조금 더 구체적인 증언이 그를 옥죄고 있었다. 그는 심각하게 뒤로 물러서고 있었다.

베드로가 이르되 이 사람아 **나는 네가 하는 말을 알지 못하노라**고 아직 말하고 있을 때에 닭이 곧 울더라 **주께서 돌이켜 베드로를 보시니**

베드로가 주의 말씀 곧 오늘 닭 울기 전에 네가 세 번 나를 부인하리라 하심이 생각나서 (눅 22:60-61)

그가 예수님을 세 번째 부인했을 때 예수님은 그를 보고 계셨다. 부인하는 그를 향해 예수님은 어떤 눈빛으로 말씀하셨을까? 어쨌든 그 눈빛에서 베드로는 예수님의 말씀을 기억해냈다.

시몬아, 시몬아, 보라 사탄이 너희를 밀 까부르듯 하려고 요구하였으나 그러나 내가 너를 위하여 **네 믿음이 떨어지지 않기를 기도하였노니 너는 돌이킨 후에 네 형제를 굳게 하라** (눅 22:31,32)

예수님은 베드로의 부인이 사탄의 계략이고 핍박임을 아셨다. 이처럼 원수는 우리로 하여금 예수님을 부인하고 그 사랑을 저버리도록 유혹과 핍박을 가한다. 사람의 의지가 약한 것도 있겠지만 분명 원수의 방해가 있다. 한번 식어버린 사랑을 아는가. 원수는 평생 그 짐을 우리에게 지운다.

"너는 예수님을 배신한 사람이다."

우리의 배신은 믿음을 약화시킨다. 예수님은 원수의 핍박과 유혹에 넘어진 베드로를 향해 부탁하신다. 믿음이 떨어지지 않게 하라고. 그의 믿음이 떨어지지 않도록 예수님이 기도하고 계신 것이다. 한 번의 실수는 우리로 하여금 모든 것이 끝났고, 이제는 잘 해봐야 의미가 없다는 자포자기를 일으킨다. 그러나 예수님은 배신하는 우리를 보시면서, 그 현장에서 말씀하신다.

"너는 믿음이 떨어져서는 안 된다."

그 믿음은 내 행위에서 나온 것이 아니다. 내가 잘해서 예수님께 무언가를 하는 것이 아니다. 나는 예수님을 부인하고 사탄의 핍박에 넘어졌지만 예수님은 여전히 나를 사랑하신다는 그 사랑에 대한 믿음이다.

언제라도 실수할 수 있지만 믿음이 떨어지면 안 된다. 사랑이 식어지면 안 된다. 본래 우리는 죄짓고 예수님을 못 박던 사람이었다. 그런 우리를 위해 예수님은 십자가를 지시고, 계속되는 우리의 배신에도 여전히 믿음이 떨어지면 안 된다고 하신다. 그리고 베드로에게 하셨듯이 돌이켜서 네 형제를 굳게 하라고 말씀하신다.

통곡의 회개

예수님을 위해 죽을 각오를 한 베드로에게 예수님이 하신 섭섭한 말씀(너는 세 번 나를 부인할 것이다)이 현실이 되었다. 이 사실에 그는 심히 통곡했다.

> 밖에 나가서 심히 통곡하니라 (눅 22:62)

베드로가 통곡하는 그 시간에도 예수님은 계속해서 고난받고 계셨다.

지키는 사람들이 예수를 희롱하고 때리며 그의 눈을 가리고 물어 이르되 선지자 노릇하라 너를 친 자가 누구냐 하고 이 외에도 많은 말로 욕하더라 (눅 22:63-65)

나는 정신없이 매를 맞는 것이 무엇인지 안다. 욕하면서 때리는 사람들 속에서 매 맞는 비참한 상황 속에서의 고요를 안다. 깊은 심적 눌림 가운데서 당하는 아득한 수모, 그 아득함 속에서 예수님은 베드로를 생각하셨을까.

베드로는 심히 통곡하고 다시 물고기를 잡으러 갔다. 참으로 안타깝다. 그는 더는 물고기를 잡는 사람이 되어서는 안 되었다. 그는 예수님을 아주 잘 알고, 주님의 사랑을 많이 받았으며, 심각한 인생의 경험을 했다. 물고기를 잡고 살기에는 너무 큰 하나님나라의 위대한 사명에 부름받은 사람이었다. 그런 그가 물고기를 잡고 있는 현장에 예수님이 오셨다. 언제부터 예수님이 거기 계셨는지 잘 모른다. 좌우간 밤 새워 물고기를 잡고 있는 제자들에게 예수님이 찾아오셨다.

날이 새어갈 때에 예수께서 바닷가에 서셨으나 제자들이 예수이신 줄 알지 못하는지라 (요 21:4)

"날이 새어갈 때에."

즉 인간적인 밤이 지나가고 있었다. 인간적인 결단의 좌절과 함께 모든 인간적인 정(情)과 욕심과 맹세들이 지나가고 있었다. 물고기 잡는 일로 돌아간 제자들은 초라했다. 위대한 사도가 될 사람들이 다시 물고기 잡는 것에 인생을 걸고 있었다. 그들은 인생을 잃어버린 사람들이었다. 사랑에 대한 배신은 인생을 잃어버리게 한다.

예수님이 물고기를 잡았냐고 물어볼 때도 그들은 예수님을 몰라봤다. 주님은 물고기를 잡고 있는 제자들을 보시면서 무슨 생각을 하셨을까. 예수님은 제자들에게 그물을 배 오른편으로 던지라고 말씀하신다. 그 순간 밤새 잡히지 않던 물고기가 그물을 들 수 없을 만큼 잡혔다.

제자 중에 민감한 사람이 있었다. 그는 예수님의 사랑을 많이 받는 제자였다. 역시 사랑은 민감하게 하는 것인가. 제자들은 주로 자신의 욕심을 챙겼지만 그중에 예수님을 알아 본 제자가 있었으니 말이다.

> 예수께서 사랑하시는 그 제자가 베드로에게 이르되 주님이시라 하니 시몬 베드로가 벗고 있다가 주님이라 하는 말을 듣고 겉옷을 두른 후에 바다로 뛰어내리더라 (요 21:7)

베드로는 바다로 뛰어내렸다. 역시 베드로다. 그는 예수님께 민감하지 못했지만 사랑하는 마음이 뒤진 것은 아니었다. 예수님도 그 사실을 알고 있었다. 예수님을 사랑해야 사람들을 맡을 수 있다. 베드로나 바울은 자신의 목숨을 걸고 예수님을 사랑하는 사람들이었다. 그들은 결코 자신의 이로움을 위해 양 무리를 맡을 사람들이 아니었다.

제자들이 육지에 올라왔을 때 예수님은 숯불을 피우고 생선과 떡을 굽고 계셨다. 물고기 잡는 제자들을 향해 숯불을 피우시는 예수님을 생각해보라. 그 담담함과 단순함 그리고 강력한 영향력, 다시는 도망갈 수 없는 그의 사랑, 간단한 경험이지만 인생을 포기하게 만드는 그의 위엄!

> 예수께서 이르시되 와서 조반을 먹으라 하시니 제자들이 주님이신 줄 아는 고로 당신이 누구냐 감히 묻는 자가 없더라 (요 21:12)

조반을 먹은 후에 예수님은 베드로에게 물으신다.

"요한의 아들 시몬아, 네가 이 사람들보다 나를 더 사랑하느냐?"

왜 하필 사랑하느냐고 물으실까. 베드로가 예수님을 부인하고 또 회복되는 과정은 예수님의 사랑에 대한 배신과 회복이라는 것인가. 수많은 실수가 있겠으나 가장 큰 실수는 예수님의 사랑에 대한 배신이다.

엄마가 자식의 실수를 늘 받아주고 도와주었는데 어느 날 자식이 친구들 앞에서 엄마를 부끄러워한다면 그것은 돌이킬 수 없는 실수일 것이다. 그 전에 한 실수들과는 비교가 되지 않는, 나를 한결같이 도와주었던 엄마의 사랑에 대한 직접적인 배신이다.

내가 언제 예수님을 고통스럽게 했고 예수님의 사랑을 배신했냐고 하면 안 된다. 예수님보다 더 사랑하는 것이 있고, 예수님을 사랑하는 마음이 전 같지 않고, 예수님과의 친밀한 관계를 거추장스럽거나 부끄러워하지는 않았는가? 그런데도 아무 문제의식을 느끼지 못한다면 그것은 우리를 위해 피 흘리시기까지 사랑하시는 예수님을 고통스럽게 하는 일이다. 실수만으로도 충분하다. 예수님을 더 고통스럽게 해서는 안 된다.

주께서 세 번째 네가 나를 사랑하느냐 하시므로 베드로가 근심하여 이르되 주님 모든 것을 아시오매 내가 주님을 사랑하는 줄을 주님께

서 아시나이다 예수께서 이르시되 내 양을 먹이라 (요 21:17)

베드로는 예수님을 사랑한다고 말했다. 그때 예수님은 그에게 양들을 맡기신다. 그것은 예수님과의 관계가 회복되었다는 것이고, 다시 예수님과 함께 일하게 되었다는 뜻이다. 예수님을 사랑하지 않고 맡겨주신 일을 팽개쳤던 사람이 다시 예수님을 제일 사랑하게 되고 그분이 맡기신 위대한 일에 헌신했다. 예수님을 제일 사랑해야 양들을 맡을 수 있다. 그것은 내가 원하는 곳으로 다닐 수 없고, 양들에게 목숨을 바쳐야 하는 고통스런 삶이다.

> 내가 진실로 진실로 네게 이르노니 네가 젊어서는 스스로 띠 띠고 원하는 곳으로 다녔거니와 늙어서는 네 팔을 벌리리니 남이 네게 띠 띠우고 원하지 아니하는 곳으로 데려가리라 (요 21:18)

그것은 베드로의 죽음에 관한 말씀이었다. 남이 원하는 곳으로 끌려가는 삶. 예수님을 사랑하는 삶. 사랑은 쉽지 않다. 목숨을 걸어야 한다. 예수님을 사랑하려면 목숨을 바쳐야 한다.

3
전적의존의
삶을 살라

셀 수도 없는 실수 속에서 하나님의 뜻대로 돌이키는 훈련을 반복하면, 점점 자신의 연약함과 욕심대로 살지 않고 하나님의 뜻을 따라 사는 사람으로 자라나게 된다. 사람은 저절로 하나님의 사람이 되지 않는다. 하나님의 원칙이 나의 삶을 다스리고 다른 사람에게 영향력으로 전파될 때까지 고통스런 훈련 과정이 기다리고 있다.

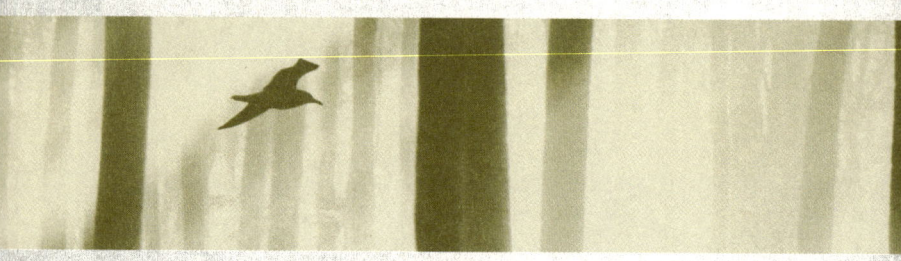

나는 포도나무요 너희는 가지라 그가 내 안에, 내가 그 안에 거하면 사람이 열매를 많이 맺나니 나를 떠나서는 너희가 아무것도 할 수 없음이라 사람이 내 안에 거하지 아니하면 가지처럼 밖에 버려져 마르나니 사람들이 그것을 모아다가 불에 던져 사르느니라 요 15:5,6

5장
상한 마음으로 나아가라

죄를 즐기는 철부지

진정한 회개가 일어나려면 내 죄에 대하여 하나님과 동일한 마음을 품어야 한다. 예수님은 내 죄 때문에 십자가에서 피 흘리시는데 나는 계속 그 죄를 즐기고 있다면 예수님의 수고와 희생을 모르는 것이다. 죄에 대한 하나님의 고통을 느껴야 한다. 죄를 지었을 때 하나님의 심판 때문에 두려워 움츠러들었다가 시간이 지나면서 점점 다시 내 마음대로 하면 평생 진정한 변화는 불가능하다.

어떤 아이가 남의 물건을 훔치는 죄를 가지고 있다면 그 아이의 엄마는 고통스러울 것이다. 아이의 죄는 아이만의 문제가 아니라 엄마의 문제도 된다. 엄마가 여러 번 타일렀으나 아이는 엄마의 고통을 이해하지 못하고 계속해서 죄를 저질러서 결국 소년원에 가게 되었다. 그때 아이의 엄마가 겪는 고통은 이루 말할 수 없다. 그런데 아이는 엄마의 고통을 못 느끼고 재수 없어서 들켰다고 생각하면서 자신을 찾아온 엄마에게 함부로 한다. 아이가 엄마의 고통을 이해하지 못한다면 그는 더 큰 범죄자가 될 것이다. 하지만 그가 엄마의 고통을 이해하고 자신의 삶을 조금이라도 생각한다면 그는 다른 삶을 선택할 것이다.

어느 유명한 뮤지션이 마약을 끊지 못해서 감옥에 몇 번이나 갔다. 그는 정말 어렵게 마약을 끊었는데 몸에서 온갖 괴물이 나오는 것 같았다고 한다(영혼의 파괴라는 것이 이토록 무섭다). 그는 어느 인터뷰에서 어머니가 자신을 면회 올 때마다 점점 더 늙어가시는 걸 보고 마약을 끊기로 결정했다고 말했다.

우리의 죄는 예수님의 문제가 되었다. 그랬기 때문에 예수님께서 우리 죄를 위하여 생명을 바치셨다. 나만의 문제라고 말하지 말라. 아들의 죄 때문에 울고 고통스러워하는 엄마를 향해 '이건 내 문제일 뿐이에요'라고 하는 것이 얼마나 엄마를 고통스럽게 하는지 생각해보라.

정신을 차려야 한다. 나의 죄는 예수님의 문제가 된다. 나의 죄가 예수님을 또다시 피 흘리게 한다. 그러므로 우리는 죄를 생각할 때마다 여전히 고통스러워하시는 하나님의 고통을 느껴야 한다. 나의 죄에 대한 하나님의 고통을 느끼지 못하면 영원히 죄를 즐기는 철부지가 된다.

치명적인 죄의 결과

성인이 되기 전 아이들은 죄에 대한 정확한 도덕적 개념을 가지고 있지 않다. 그냥 들키면 죄고 들키지 않으면 죄가 아니다. 죄에 대한 심각성보다도 부모의 체벌을 무서워할 뿐이다. 죄를 짓도록 하는 유혹과 욕심은 있으나 죄를 지어서는 안 된다는 도덕적 각성이 아직 자라지 않아서이다. 그런 경우에 아이들에게는 죄에 대한 유혹과 처벌에 대한 무서움이 있을 뿐이다. 신앙생활에서도 모습은 어른인데 그 내면이 어린아이 같은 사람들이 있다.

그들은 자신의 죄가 삶을 어떻게 파괴하는지 잘 모르고 죄에 대한 유혹을 즐기면서 하나님을 향해 무서워하는 태도를 갖고 있다. 나이가 들면서 부모의 고통이나 수고를 아는 자녀들은 죄를 그친다. 그러나 평생 자신에게 다가오는 유혹만 알고 사는 사람은 죄를 그치고 새로운 삶을 살기가 쉽지 않다. 나의 죄 때문에 하나님과 나의 가족 그리고 나의 소중한 사람들이 겪는 고통을 이해하는 사람들이 거룩하게 살 수 있다.

거룩함의 원천은 하나님과의 관계에 있다. 내가 죄를 지을 경우 하나님이 슬퍼하신다는 것과 죄를 짓는 나와 관계를 가질 수 없으시다는 사실이 큰 고통이 된다. 만약 내가 어떤 사람을 미워한다면 내 안에는 하나님과의 친밀한 관계에서 오는 모든 좋은 것들이 사라진다. 그때의 고통을 알기 때문에 죄에 대해서 더 조심하게 된다.

죄로 인해 신뢰가 깨어진 데서 오는 관계의 해체를 무서워해야 한다. 죄가 없어야 행복한 관계를 이룰 수 있다. 하나님과의 관계에 안 좋은 영향을 미치는 문제들이 내 안에 있을 때 잠시도 쉴 수 없고 괴롭다. 평강이 없다. 회개는 평강한 관계를 위해서 필요하다. 들키면 처벌받기 때문에 하는 것이 아니고….

깊은 회개를 하자면 은혜가 필요하다. 내 죄를 용서하시는 하나님의 은혜를 경험하면 비로소 알게 된다. 내 죄 때문에 내가 용서받는다는 것을. 용서를 많이 받으면 하나님을 두려워하지 않게 된다. 나의 아버지 되시는 하나님께 정직하게 나아가기만 한다면 항상 나의 죄를 용서해주시기 때문이다.

은혜를 받을수록 하나님과의 관계는 신실해지고 나의 죄는 싫어진다. 그때부터는 죄에 대한 회개가 진지해진다. 은혜를 많이 받고도 여전히 죄가 자신의 삶에 있을 수 있다. 그럼에도 삶을 자기 욕심대로 살지 못하는 것은 하나님의 사랑과 수고와 은혜가 더 크기 때문이다. 항상 나의 죄보다 은혜가 더 크다. 은혜가 내 안에서 커질 때 나는 하나님과 함께 나의 죄를 다루어갈 수 있다.

"죄 짓는 건 나고, 심판하시는 분은 하나님"이라는 관계 구도에서는 진정한 회개와 죄를 다스리는 것이 쉽지 않다. 나의 죄 때문에 예수님이 피를 흘리셨다는 은혜를 경험해야 나의 죄가 예수님이 생명을 걸만한 문제라는 것을 알게 된다. 그래야 예수님을 의존하고 죄를 멀리하는 깊은 회개가 가능해진다. 나를 용서하시는 은혜를 받아야 한다. 다른 은혜를 찾지 말라. 죄를 용서받아서 죄를 다스리고 하나님과 친밀하게 사는 은혜를 구해야 한다.

은혜 속에서 하나님과 친해지면 내 죄가 하나님과의 관계와 나의 삶에 얼마나 치명적인지 알게 된다. 죄는 가장 소중한 나와 하나님과의 관계를 끊어버린다. 모든 소중하고 좋은 것들이 사라지고 오직 죄를 다루는 고통스러운 일만 남는다. 우리가 죄를 지어도 하나님은 여전히 우리를 사랑하시지만 그 사랑은 하나님과 모든 좋은 것을 함께하는 멋진 사랑이 아니다. 죄에 대해서 참으시고 기다리시는 고통스러운 사랑이다.

부모를 근심케 하는 자녀도 있고 부모를 기쁘게 하는 자녀도 있다. 좋은 부모라면 근심케 하는 자녀를 더 신경써서 돌볼 것이다. 비록 근심케 하는 자녀라 할지라도 부모는 사랑한다. 그러나 부모를 기쁘게 하는 자녀와 같이 누리는 사랑 안에서의 즐거움은 맛볼 수 없을 것이다.

죄는 하나님과 함께 누릴 수 있는 모든 좋은 것을 내 인생에서 사라지게 만든다. 그 고통을 알아야 한다.

깊은 고백

한 번 용서받고 나서 다시 죄를 짓지 않는다면 아무런 문제가 없겠지만 현실은 그렇지 못하다. 우리는 계속해서 죄를 짓는다. 근본적으로 죄의 해결은 아버지 하나님과 자녀인 우리 사이의 인격적인 관계 안에서 이루어진다. 죄는 아버지와 자녀의 관계를 깨트리고, 아버지이신 하나님을 슬프게 한다. 그래서 먼저 하나님께 드리는 깊은 고백이 필요하다.

자신의 죄에 대한 기도를 많이 해야 한다. 또한 자기 마음대로 한 문제에 대해서도 기도해야 한다. 하나님은 기도를 통해 우리가 겪고 있는 가장 구체적인 문제들에 대해 듣고 싶어 하신다. 우리는 하나님이 듣고 싶어 하시는 기도를 해야 한다.

내가 죄를 지었느냐 아니냐 혹은 내가 어떻게 용서받았느냐 묻기 전에 나 때문에 슬퍼하실 하나님의 마음을 알고 그런 아버지께 나의 마음을 진심으로 고백할 필요가 있다. 하나님은 그런 말을 듣고 싶어 하신다. 인격적인 관계이기 때문이다. 하나님의 가장 큰 바람이 우리의 아버지가 되시는 것이기 때문에 하나님과 화목한 관계가 되는 것이 중요하다.

그것 때문에 예수님은 십자가를 지셨다.

그는 우리의 화평이신지라 둘로 하나를 만드사 원수 된 것 곧 중간에 막힌 담을 자기 육체로 허시고 (엡 2:14)

나는 어려서 형에게 자주 맞았다. 주로 형의 말을 듣지 않는다는 이유였다. 하루는 형의 녹음기에서 소리가 나지 않았다. 형은 "네가 만져서 고장난 것 아니냐?"라고 다그쳤고 나는 안 만졌다고 말했다. 사실이었다. 그런데도 형은 "너 아니면 만질 사람이 없다"라며 고무신으로 나를 때렸다. 두렵기도 하고 아프기도 하여 만졌다고 했더니 그동안 거짓말했다고 또 맞았다. 무언가 실수가 있으면 그날 저녁은 형에게 맞는 날이었다.

하루는 우연히 우리 동네 길을 가다가 발로 돌을 찼는데 그만 가게 유리창이 깨지고 말았다. 나는 얼른 집으로 도망쳤다. 밖에서 누군가 내가 깼다고 말하는 것 같았다. 점점 포위망이 좁혀져 오고 있다는 생각이 들면서 밤에 형에게 맞을 일이 걱정이 되었다. 그때 마침 형님네에 와 계시던 어머니가 집으로 들어오시면서 조금 근심스러운 표정으로 나에게 물었다.

"가게 유리창 네가 깼냐? 깼으면 얼른 말해라. 내가 꺼 주려고 그런다."

어머니에게 미안했지만 얼른 말했다.

"네, 제가 깼어요."

어머니는 곧장 내가 깬 유리를 변상해주었다.

그날 밤, 나는 형에게 맞지 않았다(나는 형이나 어머니에게 부담이 되고 싶지 않았지만 뜻대로 되지 않았다). 어머니는 아들인 나의 실수를 덮어주었다.

하나님은 우리의 실수를 덮어주신다. 어느 누구도 우리 죄를 해결해줄 수 없다. 그분만이 우리 죄를 해결하실 수 있다. 그러므로 우리에게 죄가 있다면 가장 먼저 하나님께 가서 말해야 한다. 망설이거나 대충해서는 안 된다. 슬픈 마음으로 겸손하게 은혜를 구하면서 고백해야 한다.

하나님은 상한 마음을 좋아하신다. 상한 마음은 겸손한 마음이고 자신의 실수에 대해서 회개하는 마음이다. 다윗은 절대절명의 순간에 상한 마음으로 하나님께 돌아가서 용서를 받았다. 용서를 받으려면 상한 마음이 필요하다.

나 여호와가 말하노라 내 손이 이 모든 것을 지었으므로 그들이 생겼느니라 무릇 마음이 가난하고 심령에 통회하며 내 말을 듣고 떠는 자 그 사람은 내가 돌보려니와 (사 66:2)

나는 컵을 좋아해서 어디 가서든 컵을 하나씩 사온다. 던킨도너츠 같은 곳에서 기념품으로 주는 공짜 컵들을 좋아하는데 특히 그중에서도 투명하고 큰 컵을 더 좋아한다. 큰 컵에 인스턴트 봉지 커피를 두 개 넣고 아이스커피를 만들어 먹으면 정말 행복해진다. 내가 아끼던 아이스커피용 컵이 두 개가 있었는데 딸이 하나를 깨트렸다. 투명하고 큰 컵이니 파편도 많이 튀고 소리도 커서 딸이 놀랐다. 나는 얼른 달랬다.

"희락아, 괜찮아. 실수잖아. 실수는 항상 용납되는 거야. 안 다쳤어?"

깨진 컵을 치우고 딸을 위로한다.

그런데 문제는 그 다음부터였다. 딸이 컵을 자주 깼다. 그리고 컵을 깨트리고도 전과 같이 당황하지 않고 딱 한마디를 던진다.

"아빠, 실수야."

딸의 말에 나는 약간 사정조로 말한다.

"음… 실수도 미안해해야 돼."

내가 애써서 모은 컵들이 사랑하는 딸의 실수로 점점 없어지는 상황을 기꺼이 받아들일 수 있다. 내 딸이니까. 아무리 좋은 컵이라도 딸을 앞설 수는 없으니까. 그러나 컵을 깨트렸을 때 미안해하면서 다시는 그런 실수를 안 했으면 하는 바람이 있다.

우리는 살면서 많은 실수를 하고 죄를 짓고, 하나님이 원하시지 않는 일들을 욕심껏 해버린다. 하나님은 우리를 사랑하시기 때문에 모든 상황에서 우리를 부드럽게 교정하실 마음이 있으시다. 중요한 건 우리 마음의 태도다. 내 실수에 대해서 죄송한 마음이 정말 있는가 살펴보아야 한다.

가난한 마음

십 년 전 여름 청소년 캠프에 설교하러 간 적이 있다. 나는 그때 청소년들을 잘 몰랐고 천 명이 넘게 모이는 청소년 집회도 처음이라 낯설었다. 일단 천 명이 넘는 아이들이 잠시도 쉬지 않고 떠든다는 것이 놀라웠다. 설교 시간에 어찌나 떠드는지 화가 났다. 아무래도 청소년 사역은 나의 부르심이 아니라는 절망이 물밀 듯 밀려왔다. 내가 무슨 말을 하고 있는지도 모를 정도였다. 좌우간 설교를 했다. 그리고 기도하는 시간에 하나님이 주시는 마음이 있어서 말을 했다.

"노래방에 너무 자주 가서 하나님이 슬퍼하실 것 같은 사람들은 일어나서 기도하자."

갑자기 청소년들이 웃기 시작하더니 모두 주섬주섬 일어나면서 왜 이런 일에 일어나라고 하는 거냐는 식으로 분위기가 흘렀다. 번지수를 잘못 잡은 것이었다. 하나님이 기뻐하시지 않을 것 같으면 회개해야 한다는 말이 전혀 먹히지 않았다. 나는 깊은 실패감을 느끼면서 내려왔다.

어서 도망가고 싶은데 행사를 진행하는 전도사님이 붙잡고 따뜻하게 충고해준다. 전도사님은 아이들에게 집회하는 동안 밖으로 나가지만 않으면 맛있는 것 사주겠다고 약속하고 겨우 붙잡아둔다고 했다. 찬양하면서 한번 뛰고 나면 담배와 라이터가 우수수 떨어진단다. 집회 장소에서 자든 떠들든 나가지만 말아달라고 부탁받은 아이들에게 나는 도대체 무슨 짓을 한 것일까.

도망치듯 떠나온 후부터는 청소년 집회를 무서워하게 되었다. 그런데도 여름만 되면 청소년 집회에서 나를 부른다. 이유를 모르겠다.

요즘도 나는 정신을 차리지 못하고 실수를 한다. 이번에는 훨씬 강도가 높고 셌다. 인터넷에서 이상한 것 본 적 있는 사람 일어나라고 말했더니 또 십 년 전처럼 모두 일어나면서 웃고 떠든다.

'아, 도대체 세상이 어떻게 되고 있는 거야.'

청소년 집회에서 어려운 것은 아이들에게 죄가 없다는 인식 때문이다. 들키면 죄고 들키지 않으면 죄가 아니다. 요새는 들켜도 죄가 아니라고 한다. 그래서 죄에 대해서 누가 뭐라고 하면 안 되는 분위기다. 차라리 초등학생들은 회개하라고 하면 울면서 회개한다.

우리는 울고 마음을 깨트리는 회개가 무엇인지 모르는 시대를 살고 있다. 나의 죄와 실수에 대하여 슬픈 마음이 없으면 회개는 없다. 나의 죄에 대해서 두려움이 아니라 진실로 슬픈 마음이 들어야 한다.

한번은 자신의 죄에 대하여 슬픈 마음이 들지 않는 사람들에게 슬퍼야 한다고 말했다가 곤욕을 치를 뻔했다. 잘 몰라서 그랬다. 나중에 토레이 목사님(R.A. Torrey) 책을 보니 '죄를 책망하는 것은 사람이 아니라 성령께서 하시는 일'이라고 한다. 성령의 역사를 사람이 하려고 했으니 당연한 결과였다.

간혹 어떤 집회에 가면 마음이 가난해지면서 깊은 회개가 저절로 일어나는 경우가 있다. 진실한 어른들은 자신의 인생이 하나님 앞에서 어떤지 알고 마음이 가난해서 깨트릴 준비가 되어 있다. 오랜 시간 동안 예수님 앞에서 자신을 비추어 봄으로써 예수님과 너무나 다른 자신의 삶에 대한 깊은 아픔과 회개가 있는 것이다.

보통 인격적으로 훌륭한 교회에 가면 이런 경험을 많이 하게 된다. 예수님을 많이 묵상하고 자신의 약함을 잘 알면 마음이 가난해지고 겸손해서 자신의 실수에 대해서도 금방 인정하고 예수님 앞에 엎드릴 줄 안다. 자신의 실수를 용서해주신 예수님의 사랑을 알기 때문에 다른 사람의 실수에 대해서도 관대하고 사랑이 많다. 그러나 하나님 앞에서 자신의 실수와 죄에 대해서 아픈 마음을 잃어버리면 관계도 깨지게 된다. 심령이 가난한 사람이 복이 있고 천국을 소유하는 이유가 바로 이것이다.

하나님께서는 긍휼에 풍성하신 분이다. 사람이 자신의 죄와 실수를 스스로 해결할 수 없음을 보고 하나님이신 예수님이 이 땅에 오셔서 자신의 생명을 주신 것이 아닌가. 그만큼 하나님은 우리 죄와 실수에 가슴 아파하셨고 그래서 자신의 생명을 거셨다. 우리 죄를 향한 하나님의 마음이 가난한 것이다. 만약 가난한 마음이 아니셨다면 우리 모두는 진즉 죽었을 것이다.

하나님은 우리 죄를 보시면서 마음이 가난하셔서 구원하고 싶어 하신다. 그래서 우리가 우리 죄와 실수들에 대해 가난한 마음을 갖는다면 우리는 하나님의 마음을 갖게 되는 것이다. 천국의 마음이 우리 안에서 이루어진다. 천국은 마음이 가난하신 하나님이 주인 되시고, 그 가난한 마음을 이해하는 우리들이 순종하는 나라이다.

마음을 살펴서 회개하라

친한 친구 머리를 쳤는데 그 친구가 머리 만지는 것을 제일 싫어한다면 어떡하겠는가. 머리 만지는 것을 싫어하는 사람의 깊은 심정을 이해하지 않고서는 온전한 회복이 불가능하다. 머리를 맞은 친구는 심각한데 '남자가 뭐 그런 일로 쪼잔하게 그러냐'는 식으로 이야기한다면 관계는 영원히 깨어지고 말 것이다. 친구와 친밀한 관계를 회복하고 싶다면 그 친구가 무엇을 싫어하는지 잘 알고 정직하게 용서를 구해야 한다.

"나는 너와 친하다고 생각해서 그랬는데 네가 그 부분에 대해서 그렇게 싫어하는지 몰라서 내가 실수했다. 나는 너를 좋아하고 사실은 깊이 신뢰한다. 나의 실수로 너의 마음을 어렵게 해서 미안하다. 앞으로 다시는 너의 머리를 만지거나 하는 일은 없을 거야. 나를 용서해다오."

어려워하는 친구의 마음을 이해하고 자기가 무엇을 잘못했는지 정직하게 말해야 한다. 이런 경우에는 친구 사이이기 때문에 그 의도에 불순한 것이 없다. 다만 친구의 민감함을 이해하지 못하고 잘못된 방식으로 친밀함을 표시한 데서 온 문제이다. 용서를 구할 때는 마음의 의도를 잘 살펴야 한다.

대학부 제자훈련학교에서 강의를 할 때였다. 강의 시간에 늦게 온 사람들이 먼저 와서 기다리는 사람들에게 용서를 구하곤 했다. 몇 명이 서 있다가 용서를 구한다.

"3분 늦어서 용서를 구합니다."

"5분 늦어서 용서를 구합니다."

다 이런 식이었다. 내가 강단에 올라가서 이렇게 용서를 구하지 말라고 했더니 그럼 어떻게 하느냐는 표정이다. 자신이 늦어서 미안한 것은 사실이지만 단순한 행위에 용서를 구한다기보다는 자신의 마음의 동기를 살펴서 그에 대한 용서를 구해야 한다.

강의 시간에 늦었다는 것은 항상은 아니겠지만 강의를 듣는 시간보다 더 중요하게 무언가를 했다는 것일 수 있다. 공동체로 함께 훈련받는데 자신이 중요하게 생각하는 일로 말미암아 공동체 구성원이 피해를 입었다면 그에 대해서 용서를 구해야 한다. 내가 개인적인 일을 함으로써 공동체 모두가 중요하게 생각하는 시간을 빼앗긴 것에 대해서 진심으로 미안하다고 말해야 한다.

자신의 행동에 대한 마음의 태도를 살펴서 마음을 바꾸어야 다시는 그런 일이 없을 것이다. 단순히 행동만을 가지고 용서를 구한다면 그것은 훈련이 아니다. 누가 3분 늦은 것을 가지고 훈련한단 말인가. 물론 시간을 지키는 것도 중요하지만 훈련은 내면의 질서에 초점이 있다. 자신이 원하는 것을 함으로써 다른 사람을 어렵게 만들었다면 자신의 마음을 살펴서 용서를 구해야 한다.

청소년이나 청년 집회에 가면 이성교제에 대해서 말하게 된다. 그럴 때 교제 중에 자신이 실수한 것이 있으면 회개하도록 권면하는 설교를 하게 된다. 서로 좋아했는데 뭐가 문제냐는 청소년들에게 회개를 가르치는 것은 상당한 도전이다. 단순히 부모가 걱정하는 수준 혹은 과거의 유교적 훈계를 넘어서 정확하게 무엇이 문제인지 누구도 말해주지 않았기 때문이다.

결혼하지 않은 사람들의 스킨십에 대해서 정직하게 회개하라고 할 때 하는 말이 있다. 자신이 생각할 때 스킨십이 가장 심각했던 순간에 예수님이 같이 계셨다고 말해주는 것이다. 그러면 보통은 충격을 받는다. 그때 조금 강하게 권면한다.

"예수님은 우리 눈에 보이지 않지만 그 자리에 분명히 우리와 함께 계셨습니다. 그 자리에서 우리는 예수님께 우리 죄를 보여드려야 합니다."

예수님은 아흔아홉 마리 양보다 잃어버린 한 마리 양을 찾으신다. 그런 예수님의 성품을 기억할 때 우리가 죄 짓는 현장에 예수님이 와 계시는 것이 분명하다. 예수님은 베드로가 예수님을 부인할 때처럼 우리의 죄를 보고 계신다. 하지만 우리를 정죄하는 눈빛은 아니다.

"베드로야, 일어나서 형제들을 굳게 해라. 너의 부르심을 잊지 말아라."

베드로에게 이렇게 말씀하셨던 것처럼 '나는 너를 끝까지 사랑한다'는 눈빛일 것이다. 가장 심각하게 죄를 지었던 그 현장에서 예수님께 내 죄를 보여드리고 말해야 한다. 불안하고 답답했던 마음도 함께.

처음부터 죄 한번 지어보자고 작정하는 사람은 없다. 잘하고 싶었지만 뜻대로 되지 않았을 것이다. 그에 대해서 슬픈 마음으로 정직하게 말해야 한다. 자신의 죄에 대해 정직한 마음은 즉각

적으로 관계 회복을 가져온다. 하나님 아버지의 마음이 부어지는 것이다.

회개가 어려운 이유는 나의 죄에 대한 하나님의 심정을 이해할 수 없기 때문이다. 그러므로 마음과 마음이 연결된 깊은 회개가 일어나지 않는다. 그러나 죄의 현장에서 자신의 죄를 정직하게 슬픈 마음으로 이야기할 수 있다면 즉각 하나님과 진실한 관계가 형성되고 하나님의 마음이 부어진다. 그것은 자식이 깨닫기만 하면 즉각 용서하고 밝고 행복한 관계를 맺고 싶은 아버지의 마음 때문이다.

아버지께서 계속 자식에게 회개만을 요구하시지 않는다. 회개가 가장 중요한 것이 아니라 그것을 통해 주어지는 진실하고 투명하며 복된 관계가 가장 중요하기 때문이다.

스스로를 용서하라

신문이나 영화에나 나올 법한 사이코패스(psychopath 반사회적 성격 장애자)를 제외한다면 사람은 자신의 죄에 대해서 스스로 상처를 받는다. 다윗이 우리아를 죽이고 얼마나 가책에 시달렸을 것인가. 남들에게는 뭐라 말할 수 없었겠지만 그는 진정 자신에 대한 깊은 회의에 빠졌을 것이다. 스스로에 대한 자부심을 잃어버리는 것만큼 인생에서 슬프고 위험한 일은 없다. 이는 반드시 치유받아야 한다.

상처 난 자존감에는 하나님의 깊은 용서와 그 용서에 대한 자기 확신이 필요하다.

회개가 없는 사람들이라면 용서도 없을 것이다. 그러나 조금만 진정성 있는 회개를 한다면 바로 자존감은 회복될 것이다. 스스로를 죄인이라고 규정하는 정죄감으로부터 벗어나야 한다. 죄가 없어야만 정죄감으로부터 벗어날 수 있다면 모든 사람이 정죄당해야 할 것이다. 죄가 없는 사람은 없으므로 회개를 통한 하나님의 용서로 정죄감에서 벗어나야 한다.

자유함은 나의 깨끗함으로부터 오는 것이 아니라 하나님의 용서로부터 온다. 자신의 죄에 대한 깊은 인정이 필요하다. 죄를 무조건 덮어두거나 두려움으로 회개하는 것은 정죄감을 더하게 한다. 하나님 앞에서 자신의 죄를 회개해야 한다.

아울러 자신을 스스로 용서해야 한다. 자신을 용서하는 일은 자신의 실수를 정직하게 하나님 앞에서 비추어 봄으로써 하나님이 내리신 결론을 담담하게 받아들이는 것이다. 만약 하나님이 주시는 나에 대한 결론이 없다면 끊임없이 반복되는 스스로의 정죄감과 기분 나쁜 내적 경험에 계속 시달려야 할 것이다.

이럴 경우 스스로에 대한 자부심과 안정감이 떨어지게 됨으로써 원수의 공격이나 다른 사람에게 필요 이상으로 묶이게 되는 결과를 가져온다. 자신에 대한 안정감이 없는 사람은 위험하다. 무언가에 매이게 되기 때문이다. 원수는 그 틈을 놓치지 않는다. 원수가 제일 잘하는 것이 '정죄'이기 때문이다.

원수는 사람의 실수를 꼬투리 삼아 정죄한다. 끊임없이 죄와 실수를 생각나게 함으로써 마음으로부터 평강을 빼앗고 아무것도 할 수 없게 만든다. 만약 내면의 상태가 안 좋은 상황이라면 공격은 더 신랄하고 마음은 깊이 무너진다. 하나님은 용서하셨는데 자신이 용서하지 못해서 마음이 묶이면 반드시 다른 곳으로 불똥이 튀게 된다.

나는 아버지와 형님과 어머니가 스스로에 대해서 가슴 아파하거나 무언가에 대해서 작게라도 용서를 구한 것을 본 적이 없다. 아버지는 자살하셨고, 형님은 병으로 쓰러지셨다. 다행히 어머니는 자신의 문제를 불쌍히 여기시는 하나님의 존재를 어렴풋이 확인하고 계신 것 같아 정말 감사하다.

정죄감은 스스로를 죽인다. 우리는 하나님께 용서받아야 하고 또 스스로를 용서해야 한다. 자신을 용서하는 것은 나를 용서하신 하나님이 나를 보는 것처럼 보는 것이다. 하나님은 우리 죄를 등 뒤로 던지시고 기억하지 않으신다. 하나님께 맡겨버린 죄를 다시 찾아오지 말고 자유를 주신 하나님을 믿고 자유하자.

자연스러운 회개

대천덕 목사님에 관한 이야기를 신문에서 읽은 적이 있다. 목사님이 미워하는 사람이 죽기를 바란 적이 있다는 내용이었다. 아마도 사사로운 관계에서 만난 개인이 아니라 나라에 위협을 주는 사람이 아니었을까 하고 추측해본다. 이처럼 위대한 영적 거인도 마음이 쉽지 않을 수 있다.

평양대부흥은 한 장로님의 공개적인 죄 고백으로 시작되었다고 전해진다. 가끔 하나님은 지도자로 하여금 죄를 고백하게 하시는 것 같다. 그것은 성경적이기도 하다.

> 그러므로 너희 죄를 서로 고백하며 병이 낫기를 위하여 서로 기도하라 의인의 간구는 역사하는 힘이 큼이니라 (약 5:16)

그러나 자신의 죄가 해결되지 않았는데도 사람들에게 말함으로써 묶이게 되는 결과를 가져오는 경우도 있다. 죄는 하나님만 용서하실 수 있다. 그러므로 하나님 앞에 가서 먼저 용서를 받아야 한다. 하나님께 용서를 받고 해결된 죄가 공동체와 관계된 문제였을 때는 공개적으로 고백하고 용서를 구해야 한다.

하나님 앞에서 용서받고 삶이 변화될 때 죄의 고백은 공동체를 유익하게 할 수 있다. 어거스틴의 고백은 오랜 시간이 흘러도 교회에 유익함이 되었다. 그것은 그가 하나님 앞에서 자신의 죄를 충분히 용서받은 후 영적 거인으로 살아감으로써 모든 사람이 하나님의 위대하심과 인간의 나약함에 대해서 이해할 수 있는 기회를 주었기 때문이다.

그러나 하나님 앞에서 정리되지 않은 죄를 남에게 말하면 자신도 묶이고 다른 사람도 그 사람을 판단하게 될 우려가 있다. 또, 남의 강요에 의해서 죄를 고백하는 것은 모두에게 불행한 일이다. 대학생 때 공동생활 집에서 하는 제자훈련을 받으며 가끔 강의 시간에 늦게 들어가곤 하였다. 어차피 방에서 거실로 이동하는 것이라 더 늦장을 부렸다. 담당 간사님이 하루는 1분 혹은 3분 늦은 사람들을 거실 입구에 세워놓았는데 어김없이 나도 걸렸다. 시간에 늦어서 다른 사람에게 피해를 주었다는 이유로 용서를 구해야 한다는 것이다. 강요에 못 이겨 용서를 구하고 나서 나는 뒤에서 불평했다.

한번은 자매들이 정해진 시간이 아닌 취침 시간에 샤워를 한 모양이었다. 간사님은 계속해서 말 없이 눈치를 주며 자매들을 압박했다. 결국 자매들은 그 압박감에 못 이겨서 정해진 시간이 아닌 때 샤워를 한 것에 대해 용서를 구했다. 그들이 용서를 구하고 나자 간사님은 지난밤부터 계속해서 자매들이 용서를 구하지 않아서 마음이 어려웠다고 토로했다. 간사님들이나 학생들이나 서로 나이가 비슷했다(복학한 3학년이던 나보다 더 나이가 많은 간사는 없었다). 다들 어렸고 훈련이 필요한 상황이었다.

회개는 강요나 분위기에서 오는 압박감이 아니라 자발적인 결정을 따라 은혜 속에서 해야 한다. 하나님의 성품과 용서 안에서 성장하는 과정이 아니라면 어떤 것이든 강요되어서는 안 된다.

6장
예수님과 동행하라

누구 탓인가

한 지체가 부모님이 이혼하시지 않도록 오랫동안 기도했는데 결국 이혼하시고 말았다. 부모의 이혼은 그에게 상처가 되었고 자신의 기도를 들어주시지 않는 하나님을 향한 원망이 생겼다. 과정과 결과가 어떻든 하나님을 향해 원망할 수 있는 사람은 없다. 그것은 죄이다. 하나님을 향하여 우리는 항상 믿음으로 행해야 한다.

먼저 하나님은 부모님의 이혼 때문에 고통스러워하는 지체를 이해하신다. 부모의 이혼은 그에게도 고통이지만 하나님께도 고통이라는 것을 알아야 한다. 하나님이 나의 아픔을 즐기고 계시거나 아무 일도 하시지 않는 게 아니다. 아마도 하나님은 최선을 다해 그 부모를 인도하셨을 것이다. 성경에서 예수님은 정확하게 하나님이 하나되게 하신 것을 사람이 나누면 안 된다고 말씀하셨다(마 19:6, 막 10:9). 그럼에도 이혼했다면 일차적인 책임은 그들에게 있다고 할 것이다. 하나님이 말리시고 자녀가 말려도 이혼한 것은 그들의 결정이다.

아담 이후로 사람들은 죄를 지어왔다. 하나님은 사람을 거룩하게 지으셨지만 사람은 스스로 죄를 지었고, 하나님은 그런 사람들을 구원하시기 위해 계속해서 일해오셨다. 그 과정이 바로 인류 역사가 아닌가 싶다. 하나님은 최후 수단으로 독생자 예수님을 보내서 십자가를 지게 하심으로써 사람들이 죄로부터 회복될 수 있는 길을 여셨다.

> 여호와께서 사람의 죄악이 세상에 가득함과 그의 마음으로 생각하는 모든 계획이 항상 악할 뿐임을 보시고 땅 위에 사람 지으셨음을 한탄하사 마음에 근심하시고 (창 6:5,6)

> 여호와께서 그 향기를 받으시고 그 중심에 이르시되 내가 다시는 사람으로 말미암아 땅을 저주하지 아니하리니 이는 사람의 마음이 계획하는 바가 어려서부터 악함이라 내가 전에 행한 것같이 모든 생물을

다시 멸하지 아니하리니 (창 8:21)

내가 깨달은 것은 오직 이것이라 곧 하나님은 사람을 정직하게 지으셨으나 사람이 많은 꾀들을 낸 것이니라 (전 7:29)

모든 사람이 죄를 범하였으매 하나님의 영광에 이르지 못하더니 그리스도 예수 안에 있는 속량으로 말미암아 하나님의 은혜로 값없이 의롭다 하심을 얻은 자 되었느니라 (롬 3:23,24)

하나님은 사람의 죄에 대해서 근심하시고 회복할 방법을 찾으시는 분이다. 그러므로 사람의 실수를 하나님의 탓이라고 생각해서는 안 된다. 사람의 죄와 실수는 사람의 책임이다. 그럼에도 하나님은 자비하셔서 우리 죄와 문제를 독생자 예수님으로 속량해 주셨다. 본래 사람의 죄는 하나님의 심판을 부른다. 그런데도 하나님은 우리를 심판하지 않으시고 용서하기 원하신다. 그분께 감사해야 한다. 하나님께서 예수님을 보내시지 않았다면 우리 죄가 우리를 심판의 자리로 데려갈 것이다.

사람이 많은 꾀를 내어 죄를 지음에도 계속해서 심판의 권한을 유보하시고 구원의 방법을 제시하시고 인도해주시는 주님께 감사드려야 한다. 사람의 죄는 막아주시지 않는 하나님의 탓이 아니라 죄를 지은 그 사람의 책임이다. 사람은 죄를 짓지만 하나님은 그런 우리를 용서의 자리로 인도해주시는 분임을 잊어서는 안 된다.

참된 용서

하나님만 사람을 용서하실 수 있다. 죄가 없어지는 것은 하나님의 결정이다. 물론 사람 간에 서로 용서하고 화목할 수 있다. 그렇지만 죄가 없어지는 용서는 하나님만이 하시는 일이다. 그래서 예수님께서 중풍병자를 고치실 때 병자의 죄를 용서하신 일이 큰 문제가 된 것이다. 예수님은 중풍병자의 죄를 용서하셨고 그로써 자신이 하나님이신 것을 알려주셨다.

우리는 하나님 앞에서 죄를 용서받은 것에 대해서 너무 쉽게 생각하는 경향이 있다. 사람들끼리 서로 죄를 용서해주고는 다 되었다고 생각한다. 하나님 앞에서 충분히 죄가 다루어지지 않았음에도 아무 문제가 없는 것처럼 서로를 대한다. 만약 어떤 사람이 자신의 죄에 대하여 눌린 마음이 있다면 즉시 이렇게 말한다.

"너는 왜 예수님의 용서를 믿지 않는가? 너의 행위로 용서받는 것이 아닌데 왜 근심하고 있는가? 어서 자유하라."

그런 식으로 죄를 대하니 장로가 몇십 년간 성추행을 하고도 사회 저명인사로 살게 된다. 적어도 살아있는 교회라면 몇십 년간 그런 죄를 짓는 직분자가 교회에 버젓이 있을 수는 없다. 성령님은 거룩하시다. 성령께서 역사하시는 교회라면 어떤 사람의 죄에 대하여 견딜 수 없게 만들 수 있어야 한다. 자신의 죄를 하나님 앞에서 감추고도 잘 살 수 있는 교회를 살아있는 교회라고 할 수는 없다.

죄를 지었다가 회개하면 용서를 받는다. 그러나 진정한 회개가 있으려면 자신의 죄에 대한 무게를 스스로 느낄 수 있어야 한다. 어서 빨리 죄책감으로부터 벗어나서 아무 일 없다는 듯 살기를 바라는 사람에게 진정한 회개는 없다. 당장 벌어진 죄의 무게를 벗기 위해서 '뭘 해야 빨리 죄책감에서 벗어날까' 하는 식의 생각이 아니라 지금 이 죄를 용서받고자 하는 진정성이 필요하다. 예수님을 사랑하기 때문에 내 죄가 슬프고, 깨어진 관계가 가슴 아픈 것이다.

죄의 심각성을 충분히 느낄 때 진정한 회개를 할 수 있다. 그리고 그런 진지한 마음의 태도가 하나님을 감동시킬 것이다. 침상채 지붕에서 내려와야 했던 중풍병자의 믿음을 보시고 예수님은 그의 죄를 사하시고 병을 고쳐주셨다. 침상을 들었던 친구들과 달리 중풍병자는 반드시 예수님을 만나야 했다. 질병의 치유보다도 그는 용서받아야 할 것이 있었다.

예수님도 그의 죄를 먼저 용서하셨고, 예수님과 회복된 관계는 병 고침을 가져왔다. 예수님은 분명하게 병 고치는 것과 죄를 용서하시는 것 중에 죄를 용서하시는 것이 더 힘든 일이라고 말씀하셨다.

우리는 예수님께 용서받기 전에 스스로 용서하거나 다른 사람이 "너는 용서받았다"라고 값싸게 말해주는 것을 받아들여서는 안 된다. 예수님만 우리 죄를 용서하실 수 있다.

친밀한 동행의 삶

예수님과 동행하는 삶의 기쁨을 알 것이다. 예수님과 친밀한 삶은 예수님의 뜻이 어디에 있는지 알게 해준다. 많은 사람들이 예수님이 원하시는 것을 알고, 잘 분별하고 싶다고 말한다. 그렇다면 방법은 예수님과 친해지는 것이다. 모든 순간에 예수님이 원하시는 것을 생각하고 순종하면 항상 친밀함을 유지할 수 있다.

예수님과 친밀한 관계일 때 우리의 삶 속에는 그분과 함께하는 감동이 있다. 당연히 간증도 있다. 간증이 없다는 것은 예수님과 함께하는 삶에 문제가 생긴 것이라고 할 수도 있다. 간증이 꼭 기적을 의미하는 것은 아니다. 예수님과 동행하면서 그분과 함께 생각하고 나누었던 마음과 받은 은혜에 감동한 내용들, 결국 '내가 겪은 예수님은 이런 분이셨다'라는 것이 간증이다.

예수님과 친밀하게 동행할 때 그분의 뜻에 순종하는 것이 쉬워진다. 때로 나의 뜻을 내려놓아야 하는 상황이라 할지라도 어렵지 않게 내려놓을 수 있다. 내 뜻보다도 예수님이 주시는 사랑이 더 귀하다는 것을 평소부터 느끼고 있었기 때문이다. 예수님과의 친밀한 관계 속에서 오는 사랑은 내 욕심에 대한 그분의 심정을 금방 느끼게 한다. 그것을 이해했을 때 내 마음을 내려놓는 것은 그리 어려운 일이 아니다. 예수님의 사랑으로 인해 나의 욕심이나 뜻과는 전혀 다른 마음을 가질 수 있게 되는 것이다. 따라서 즐거운 순종과 헌신이 가능해진다.

헌신은 결단 이전에 은혜로 하는 것이다. 내 결단이 아니라 예수님이 주신 은혜에 대한 감동으로 된다. 또 그럴 때 높은 자부심이 생긴다. 내가 좋은 일을 하고 있고 세상에서 가장 귀한 일을 하고 있다는 겸손한 자부심, 그것은 누군가와 비교에서 나온 자부심이 아니다.

예수님이 나의 헌신을 받으셨고 나와 동행하신다는 관계에서 오는 누구에게도 꿀리지 않는 자부심이다. 그런 자부심에는 하나님만 높아지시고 나는 낮아져도 괜찮다는 지극히 평범하고 또 놀라운 마음이 자리 잡게 된다. 예수님이 나를 아시니 나야 어떻든 크게 상관없다는 마음이다.

예수님과 친밀한 동행을 하게 되면 나의 삶이 감동으로 충만하고 또 다른 사람에게도 반드시 그런 감동을 나누고 전달하게 된다. 절대 가만있지 못한다. 감기와 누군가를 사랑하는 마음은 숨길 수 없다고 한다. 은혜는 사랑보다도 더 숨길 수 없다. 예수님께 받은 은혜는 더더욱 그렇다.

그런데 이유를 막론하고 예수님과 동행하는 삶이 깨어졌다면 일단 내 책임이다. 친밀한 동행이 깨어질 때까지 내가 얼마나 예수님의 경고와 권면과 사랑의 호소를 무시했는지 모른다. 들을 귀가 없어서 그렇지 산이 울리고 강물이 마를 만큼 강했을 것이다.

예수님의 안타까움이 어떤 것인지 아는 사람은 안다. 예수님을 외면하고 자신의 욕심으로 빨리 달려가느라 도무지 그 마음에 예수님을 둘 수 없고 동행할 수 없는 후안무치(厚顔無恥)함을 말이다.

예수님과 친밀한 동행이 깨어졌다는 것은 우리가 아는 것 이상으로 심각한 일이다. 사람들은 일이 잘못되어야 비로소 무엇이 문제인지 찾기 시작한다. 그러나 삶 속에서 일이 잘못될 정도가 되었다는 것은 아주 오래 전부터 예수님과의 관계가 깨어졌다는 것을 의미한다. '너희는 나를 떠나서는 아무것도 할 수 없다'는 말씀이 현실이 된 것이다.

나는 포도나무요 너희는 가지라 그가 내 안에, 내가 그 안에 거하면 사람이 열매를 많이 맺나니 나를 떠나서는 너희가 아무것도 할 수 없음이라 사람이 내 안에 거하지 아니하면 가지처럼 밖에 버려져 마르나니 사람들이 그것을 모아다가 불에 던져 사르느니라 (요 15:5,6)

예수님과의 관계에서만 생명이 온다. 삶의 어려움을 긍정적으로 이겨낼만한 좋은 생각, 나의 욕심을 다스릴만한 거룩한 생각, 메마르고 건조한 생각을 이겨낼만한 풍성한 삶의 에너지는 예수님과의 친밀한 관계 속에서 주어진다.

관계가 깨어지면 모든 좋은 것이 오지 않고 내가 처한 현실과 상황만 남게 된다. 그런 상황에서는 아무리 낙관적인 사람도 오래 가지 못하고, 아무리 강한 사람도 마음의 무너짐을 감당할 수 없다. 계속해서 올라오는 삶의 긴장감과 걱정을 이길 수 없다. 사람은 나약하다. 걱정들이 계속될 때 사람은 반드시 자신의 뜻에 따라 욕심껏 죄를 짓게 된다. 나의 연약한 마음을 따라 삶이 움직이게 되는 것이다.

또한 모든 좋은 관계가 깨어진다. 예수님과 관계가 깨어졌기 때문에 사람과의 관계도 깨어지게 된다. 일단 자신의 인생에 재미가 없어졌기 때문에 다른 사람의 인생에도 관심이 없고, 좋은 마음으로 사람을 섬기겠다는 마음은 더더욱 없다. 나를 도와주는 멘토에 대해서도 부담스러워하며 피하게 된다. 그때 유일하게 함께하는 사람들은 어두움에서 죄를 짓거나 관계가 깨어진 것에 대해서 뭐라 말하지 않는 사람들이다.

오직 욕심에만 반응하는 마음과 사람을 세워주지 않는 허망한 관계들이 삶을 에워싼다. 가족과 믿음의 동역자와 친구 관계를 비롯하여 모든 일에서 생명은 없어지고 사망이 자리 잡게 된다. 사망으로 가득하여 하루도 평강한 날이 없다. 예수님과의 친밀한 관계가 아니면 결코 사람은 사망을 이겨낼 수 없다.

이럴 때 빨리 어디서부터 예수님과 동행하는 삶을 놓치고 나 혼자 왔는지 찾아내야 한다. 이렇게까지 되면 만져야 할 것이 한두 가지가 아니다. 길을 잘못 들었으면 그동안 온 길이 아무리 아까워도 잘못된 길이 시작된 곳으로 재빨리 돌아가는 것이 가장 좋은 방법이다.

하지만 어디서부터 무엇이 내 마음을 빼앗아서 예수님을 떠나 혼자 오게 만들었는지 찾기가 쉽지 않다. 그러나 나 혼자 와버린 그 길에서 예수님은 여전히 기다리고 계신다. 나만 정신없이 내 욕심대로 빨리 갔을 뿐, 예수님은 내 선택들을 고통스럽게 지켜보시면서 그 자리에 서 계신다.

만약 우산을 잃어버렸다면 어디까지 우산이 있었는지 하루 동안의 움직임을 거슬러 올라가면서 생각할 것이다. 마찬가지다. 예수님과 동행했던 시간을 기억하고 동행을 잃어버린 순간을 생각해내야 한다. 어디서부터 예수님을 무시하고 나 혼자 와버렸는지 구체적인 사건이 있을 것이다. 그것을 찾아내야 한다. 그리고 그 자리로 돌아가야 한다.

관계가 깨어질 때

우리는 복수한다. 범죄를 저지르는 사람처럼은 아니지만 상대방이 내가 원하는 대로 해주지 않으면 마음이 불편해지고 그 불편한 마음을 어떤 식으로든 그 사람에게 갚는다. 불편하다는 말 한마디 혹은 불편한 기색이라도 표시한다.

오랜 시간 훈련하면서 하나님은 복수하지 않는 분이라는 걸 알게 되었다. 하나님은 우리의 삶을 어렵게 하심으로써 공격하시거나 불편한 마음으로 우리를 상대하시는 분이 아니다.

우리 교회에 간호사로 근무하는 지체가 있다. 이 지체는 바쁜 중에도 열심히 훈련하면서 교회 소그룹 리더가 되었다. 물론 그의 삶이 리더로서 완벽한 것은 아니었지만 섬기는 법을 훈련하고 지도력을 사용하는 법을 배워야 했기에 세웠다.

리더가 되고 나서 얼마 후 리더십 미팅이 있었다. 목사는 참석하지 않고 소그룹 리더들만 참석하는 간단한 미팅이었다. 예배 후 모여서 짧게 스탠드 미팅을 하는데 이 지체가 참석을 하지 못했다. 아마도 광고를 듣지 못한 모양이었다.

그날 저녁 리더 미팅을 인도하는 리더로부터 전화가 왔다. 다른 소그룹 리더들이 말하기를 새롭게 리더가 된 지체가 참석하지 못해서 마음이 불편한 것 같으니 나에게 전화를 해서 그를 위로해달라는 것이었다. 그 말을 듣자마자 마음이 불편해졌다. 리더 미팅에 참석하지 못한 리더의 마음이 어려웠을 것이고, 그것을 짐작한 다른 소그룹 리더들이 그 문제를 키웠고, 리더 미팅을 인도하는 리더는 그 불편한 느낌으로부터 벗어나고자 내게 전화를 한 것이었다.

나는 직감적으로 이 사건이 신뢰를 다루는 시험이라는 것을 알았다. 아주 간단한 문제를 잘못 다루면 큰 문제가 되기도 하기에 조심해야 한다. 제일 먼저 드는 생각은 전화를 한 리더 미팅을 인도하는 리더에 대한 마음이다.

'아, 그런 전화를 왜 하는 거야. 그냥 네 선에서 잘 이야기하면 되지. 내가 회의 인도를 한 것도 아니잖아. 넌 꼭 그런 문제가 생기면 나한테 전화해서 힘들게 하더라.'

이런 마음이 든다는 것 자체가 목사로서 부끄럽다. 두 번째 드는 마음은 그 소식을 전달한 리더들을 향한 마음이다.

'왜 만날 그런 소식만 전하는지 모르겠어. 얼마든지 따뜻하게 풀 수도 있는데 왜 리더 회의 참석하지 못하면 마음이 상할 거라고 생각하는지. 그냥 별일 아니라고 넘어가면 되는데 굳이 이렇게 문제를 만드는 이유가 뭔지….'

마지막으로 리더 회의 참석하지 못한 새로 뽑힌 리더를 향한 마음이다.

'리더 회의에 참석하지 못한 것은 네가 광고를 잘못 들어서 생긴 일인데 그것을 마치 너를 배제한 것처럼 생각하면 어떻게 해. 그리고 그런 마음을 내색하면 안 되지. 리더가 무슨 회의 참석해서 한자리하는 거야? 교회 리더는 그런 자리가 아니라고 얼마나 가르쳤어.'

이런 마음의 상태에서 말하고 일 처리를 하는 것은 곧바로 문제를 일으킨다. 예수님의 성품에 입각한 것이 아니기 때문이다. 원망하고 불평하는 마음을 상대방에게 전달하는 방식으로 이야기하면 상대방의 마음은 더 불편해지고 마음 깊숙이 불평을 숨기게 됨으로써 관계가 깨지게 된다.

깨진 관계는 아무런 힘이 없다. 예수님을 닮아가는 훈련은 진실하고 투명한 관계에서 가능한 일이다. 마음 깊숙이 원망과 어려움을 숨기고 공동체 안에서 함께 훈련하면서 성장할 수는 없다.

예수님을 생각하라

나에게는 '이틀의 원칙'이라는 게 있다. 무언가 마음이 불편한 일이 생겼을 때 이틀 정도 지나서 그 문제를 해결해가기 시작하는 것이다. 이 원칙대로 그 문제를 생각하면서 이틀을 보냈다. 예전 같았으면 바로 전화해서 문제를 해결하고자 했을 것이다. 그렇게 했다면 나의 마음이 아직 예수님이 주신 마음으로 정리되어 있지 않았기 때문에 불편한 마음에서 말이 나왔을 것이다.

성장은 사람들끼리 선한 마음의 내용을 주고받을 때 일어난다. 말의 내용은 마음이 결정한다. 똑같은 말로 사람을 살릴 수도 있고 죽일 수도 있다. 그것은 마음의 내용이 결정한다. 또한 아무리 좋은 말을 해도 상대방이 느끼지 못하면 영향력이 없다.

그냥 이틀이라는 물리적 시간만 보내는 것이 아니다. 내 마음이 예수님이 주신 마음으로 이 문제를 보게 되도록 기도한다. 그래야 원망과 불편한 마음이 아니라 평강 가운데 말할 수 있기 때문이다. 이틀의 시간 동안 가장 먼저 하는 것은 나의 마음 정리다. 일단 이 문제가 리더들 간의 신뢰를 깨트리고 교회를 어렵게 할지 모르며 나의 리더십에도 문제가 될 것이라는 불안함을 제거해야 한다. 그러려면 예수님께 정직하게 나의 마음을 아뢰고 예수님이 주시는 마음으로 새롭게 해야 한다.

어떤 말을 해도 나의 마음 안에 불안함이 있다면 대화는 평강이 없어 더 꼬이게 된다. 내 안에 평강이 가득해야 상황을 다스리고 대화를 잘 이끌어갈 수 있다. 상황의 변화는 그 리더가 마음을 바꾸는 데 있는 것이 아니라 내 마음에 달려있다. 만약 내 마음이 상황과 상관없이 예수님 주신 마음으로 평강하다면 나는 믿음으로 그 문제를 이미 다스리고 있는 것이다. 믿음으로 해야 문제를 다스릴 수 있다.

두 번째로 마음을 새롭게 하는 것이다. 새롭게 리더가 된 지체에게 훈련이 필요해서 이런 상황에 있다는 사실을 파악하는 것이다. 그가 단순히 마음을 잘못 먹은 것이 아니라 삶의 전반에서 스스로 리더로서 인정을 받고 있는지 그렇지 못한지에 대해서 민감해 있는 상황임을 이해할 수 있어야 한다. 그렇다고 해서 단순히 리더의 상황만을 이해하는 데에 그치면 그는 더 이상 성장하지 않을 것이다.

그에게 지금이 훈련 상황이며 무엇을 배워야 하는지 알려주어야 한다. 가르침은 평강 가운데 상대방이 받아들여야만 가능하다. 억지로 가르칠 수는 없다. 자발적인 동의가 일어나야 가르침이 먹힌다.

리더의 상황을 이해하고 무엇을 훈련해야 하는지 가르쳐줄 수 있는 마음까지 가려면 적어도 이틀은 걸리는 것 같다.

이틀 후에 전화를 했다. 물론 전화하는 방식과 어떻게 말을 시작할 것인지 미리 연습을 한다. 그리고 간단하게 통화한다.

"왜 리더 미팅에 참석 못 했냐? 광고 못 들었냐?"

리더도 간단하고 가볍게 대답한다.

"예, 광고를 못 들었어요."

"그래? 그럼 다음번에는 광고 잘 듣고 참석해라!"

여기서 훈훈하게 대화가 끝나면 안 된다. 리더에게 훈련에 대해서 말을 해주어야 한다. 그러면 다시는 이런 상황에서 과거와 같은 반응을 하지 않고 예수님이 주신 새로운 마음으로 반응하게 될 것이다.

"그런데 너 요즘 삶 속에서 이런 상황이 자주 나오는 것 같더라. 소그룹 안에서도 멤버들이 활발하게 너에게 의견을 이야기할 때 넌 그 의견을 따라주면서도 조금 힘들어 하지 않았니? 너를 인정하는지 그렇지 않은지에 대해서. 직장에서도 후임들이 너의 결정에 대해서 함부로 말할 때 인정받지 못하는 것에 대한 어려운 마음이 있었잖아?

내가 보기에는 훈련이다. 본래 훈련이라는 것이 마음의 연약한 부분을 강하게 하는 것이니까. 다른 사람들이 너를 인정하는지 안 하는지에 대해서 민감하게 반응하지 말고 마음을 굳게 먹어라. 다른 사람의 반응에 상관없이 겸손히 섬기면 마음이 강건해질 거다. 그리고 섬기는 마음으로 리더십을 사용하면 다른 사람도 순종할 거다. 사람 섬기는 법을 배우고 있는 중인 것 같다. 힘내라."

내가 생각할 때 예수님은 나처럼 복잡하게 하시지 않고도 그 성품으로 자연스럽게 순복을 이끌어내셨을 것이다. 나는 그런 예수님의 성품에 감동하여 지금껏 그분을 따라왔지만 늘 부족함을 느낀다. 그래도 이나마 멘토링할 수 있는 것도 다 예수님께 배운 것이다. 예수님은 우리의 죄나 실수에 따라 마음과 행동을 결정하시는 분이 아니다. 자기 마음대로 예수님을 판단해서는 안 된다.

좌우간 내 생각 속에서 사랑의 예수님을 향한 믿음이 아니라는 의심이 들면 잘못된 길로 가고 있는 것이다. 얼른 마음을 살펴서 온전한 믿음 속에서 예수님을 생각해야 한다. 주님은 우리에게 복수하지 않으신다. 심지어 자신을 찌르는 군병도 용서하셨다.

그는 죄를 범하지 아니하시고 그 입에 거짓도 없으시며 욕을 당하시되 맞대어 욕하지 아니하시고 고난을 당하시되 위협하지 아니하시고 오직 공의로 심판하시는 이에게 부탁하시며 (벧전 2:22,23)

예수님은 고난을 당하셨지만 고난을 주는 이들을 위협하지 않으셨다. 자신은 욕을 당하고 고난을 겪어도 우리를 사랑과 용서로 대하신다. 하나님이 나를 위협하신다는 생각은 잘못됐다. 만약 그런 감정을 느낀다면 그것은 원수로부터 온 것인 줄 알면 된다.

삶의 현장에 계시는 하나님

어느 순간부터 기도는 나의 내면의 이야기들을 하나님께 깊이 고백하는 시간이 되었다. 큰 소리로 부르짖기보다는 나의 내면의 소리를 진실하고 차분하게 말한다. 그렇게 기도를 하고 나면 마음이 시원해지고 평강이 회복된다. 폭풍 같았던 삶 속에서 그나마 고요함을 유지할 수 있었던 것은 차분하게 말씀을 읽고 조용히 마음을 쏟아놓고 기도하는 시간을 확보했기 때문이다.

의무감을 가지고 혹은 치성을 드리듯이 기도하는 사람들이 있다. 그러나 나에게 기도는 좋은 친구를 만나서 이야기하는 시간이자 내 모든 연약함을 아시면서도 내 편을 들어주시는 좋은 아버지께 나의 모든 것을 말하는 시간이다. 평소에 하나님과 맺었던 관계 속에서 내 마음 깊은 곳에 있는 문제들과 하나님 앞에서 죄송한 것들을 자연스럽게 말한다.

그래서 언제 어디서나 조용히 자리에 앉으면 바로 기도가 된다. 마음에 있는 생각들을 하나님께 말하는 것이 아주 자연스럽기 때문이다. 물론 가끔 그렇지 못할 때도 있다. 하지만 상황과 상관없이 나의 마음을 진실하게 하나님께 말하고 겸손하게 그분의 뜻을 알기 원하는 마음으로 일상을 살아간다. 모든 시간에 기도를 해야 한다. 주님과 마음의 연결이 깊지 않다고 느낄 때 조금 고통스럽다. 어떤 일이 생겨서 어려울 수 있지만 가장 고통스러운 것은 하나님의 뜻을 잘 알지 못하고, 그분의 위로와 격려 가운데 있다는 안정감이 사라졌을 때다.

하나님과 친밀한 기도를 원한다면 먼저 자신의 삶의 현장에 하나님을 초청해야 한다. 하루 혹은 일주일이나 한 달을 사는 동안 자신의 삶의 현장에서 하나님이 무엇을 원하시고 어떤 것을 가르쳐주셨는지에 대한 간증이 없는 사람이 있다. 그것은 하나님께서 그를 멀리하셨기 때문이 아니라 스스로가 하나님의 개입을 요청하지 않은 까닭이다. 하나님과 상관없이 자기 마음대로 살다가 갑자기 도움이 필요할 때만 찾아오는 사람이라면 절대로 친밀한 가르침을 받을 수 없을 것이다.

관계는 평소에 쌓는 것이다. 평소에 좋은 관계가 형성되어 있어야 결정적인 순간에 도움을 받을 수 있다. 자신의 일상에 하나님의 개입을 요청해야 한다. 먼저 하나님의 개입을 부담스러워하는 마음을 무너뜨려야 한다. 그리고 모든 결정의 순간에 하나님의 개입을 요청하고 겸손하게 기다리며 하나님의 뜻대로 하고자 하는 순종과 열망이 있어야 한다.

하루는 재정을 처리할 일이 있어서 아내와 우체국에 갔다. 나는 멀찍이 있었고 아내가 금융 담당 직원과 일 처리를 했다. 돈을 찾아서 가는 중에 아내가 심각한 표정을 지었다.

"왜?"

"5만 원이 더 온 것 같아요…."

받은 돈을 그대로 가방 앞주머니에 넣어서 왔는데 받기로 한 돈보다 5만 원이 많다는 것이다.

"그럼 돌려주러 갈까?"

단순하게 이야기하다가 순간 복잡한 마음이 들어온다. 먼저 우체국에서 그런 실수를 했을 리가 없다는 생각과 아내의 가방에 이미 들어 있던 돈이라면 5만 원을 손해볼 거라는 생각이다. 무엇보다 일을 귀찮게 만들고 싶지 않았다.

"문제가 있으면 나중에라도 연락이 올 거야."

편한 대로 하려고 돌아서려는데 아무래도 마음이 걸린다. 순간 조용히 아내와 함께 하나님의 마음을 구한다. 하나님이 주시는 마음은 '네 편리한 대로 해서는 안 된다'는 것이다. 우리를 늘 긴장시키고 겸손하게 하는 것은 하나님이 보고 계신다는 사실이었다. 그리고 그 하나님이 우리의 재정을 결정하시는 권위자시라는 사실이다.

아내와 나는 즉시 5만 원에 대한 마음을 접고 다시 우체국으로 갔다. 직원이 생뚱맞다는 표정으로 더 준 적이 없다고 한다(그런데 왜 돈은 잽싸게 가져가시는지…). 나중에 문제가 생기면 연락을 주겠다는 말을 듣고 나오는데 마음 한구석이 허탈하다. 그때 우리의 위로는 하나님이 이 모든 과정을 보고 계신다는 사실이었다.

문제가 생기면 관계를 돌아보라

하나님께 기도하고 그분과 자연스럽게 관계를 맺으면서 생각해야 하는 것이 몇 가지 있다.

첫째는 나의 모든 일에 하나님의 뜻이 있다는 것이다. 살면서 사소한 일이든 중요한 일이든 그 일에 하나님의 뜻이 있다는 것을 알아야 한다. 내가 하고 싶은 대로, 내 맘 내키는 대로 하고 겪는 어려움이 있다. 생각지도 못한 문제가 발생하거나 내 결정에 하나님이 기뻐하시지 않는 것 같은 어려움이다. 하나님의 신실한 사람들은 한번쯤 그런 경험을 하는 듯하다.

유명한 목사님께서 자신의 목회를 회고하면서 하나님의 뜻대로 했던 것들은 모두 열매가 풍성했고, 인간적인 방법으로 했던 것들은 모두 어려움을 겪었다고 하시는 것을 전해들은 적이 있다. 친한 목사님의 권유로 마련했던 교회 근처의 아파트가 두고두고 근심거리가 되었다는 것이다.

내 마음대로 한 일은 결국 올무가 될 수 있다는 염려와 조심이 하나님을 섬기는 사람들에게는 있다. 올무에 걸리기 싫으면 자기 마음대로 해서는 안 된다. 그런데 우리는 꼭 호된 경험을 해야 자기 마음대로 하는 것을 무서워하기 시작한다. 그래서인지 나는 어떤 일을 만났을 때 늘 생각이 날카롭게 서 있다.

'저 일이 누구로부터 온 것일까? 하나님은 어떻게 생각하실까?'

두 번째는 하나님께서 내 결정을 보고 계신다는 것을 알아야 한다. 내가 내리는 결정은 나라는 사람에게서 비롯된다. 하나님은 우리의 구체적인 결정에도 관심이 많으시지만 왜 그렇게 결정했는지에 대한 우리의 마음의 내용들을 더 살피시는 것 같다. 그런 마음의 과정을 하나님께서 보고 계시다는 것을 알아야 한다.

이런 사실을 주지하지 못하는 사람은 자기 마음대로 결정하면서 자기 마음을 감추고 하나님을 상대한다. 대부분의 사람이 일부러 마음을 감추려고 하지는 않는다. 그냥 잘 모르는 것이다. 그러므로 우리는 자신의 마음의 움직임을 철저하게 알고 있어야 한다. 그 과정에서 잘못된 것이 있으면 하나님께 정직하게 말씀드리고 회개해야 한다.

하루는 아침 일찍 집 근처 지하철 계단을 내려가는데 돈을 달라는 분이 계셨다. 한번도 없던 일이라 조금 낯설었다. 시내 지하철에서는 그런 분들을 자주 보았지만 동네 지하철 계단에서는 처음이었다. 그 분을 피해 계단을 내려가며 살짝 미안한 마음이 들긴 했다. 물론 좁은 계단이라 자연스럽게 피하게 된 것이지만 몸보다는 마음이 피해 갔던 것이다.

그런데 그 분이 접시 같은 것을 들고 손을 휘저으며 부탁하던 모습이 자꾸 떠올랐다. 무엇보다 내가 그 분을 피했다는 사실이 괴로웠다. 마치 하나님께서 조용히 물으시는 것 같았다.

'길아, 너는 누구의 이웃이냐?'

나는 며칠 동안 시달렸다. 슬픈 마음이 들었다. 그후 다행스럽게도 지하철역에서 다시 그 분을 만났다. 나는 일부러 계단 중간쯤에서 지갑을 열어 돈을 꺼냈다.

'그때 나는 왜 피했을까.'

하나님께 많이 죄송했다. 내가 조금만 민감했다면 결정 과정에서 하나님의 뜻을 알 수 있었을 것이다. 하나님은 우리 삶을 망가뜨리시려는 것이 아니라 우리 삶을 좋게 하시려고 개입하신다.

세 번째는 나의 결정이 하나님의 결정에 영향을 미친다는 것을 알아야 한다. 항상 하나님은 우리를 도우신다. 때로 우리 결정이 하나님의 뜻에 합당할 때나 그렇지 못할 때나 우리의 결정을 따라 도우신다. 물론 하나님은 우리의 주인이시기 때문에 우리의 결정과 상관없이 주인의 권리로 무엇이든 마음대로 하실 수 있다. 그러나 또한 하나님은 우리의 좋은 아버지이시기 때문에 우리 결정을 존중하시면서 그분의 뜻을 이루어가신다. 이것을 알고 신중해야 한다.

네 번째는 하나님이 원하시지 않는 결정은 일이 잘되고 못되고를 떠나서 관계에 문제를 일으킨다. 관계에 문제가 생기면 당연히 일도 문제가 생기기 마련이다. 관계에 문제가 생겨도 일만 되면 된다는 생각은 정말 위험하다. 관계를 잃어버리면 모든 것을 잃는다. 더군다나 그것이 하나님 아버지와의 관계라면 두말할 필요가 없다.

그러나 사람은 어리석어서 관계를 잃더라도 일을 이루려다가 결국 인생을 잃어버리고 만다. 내 결정이 하나님과의 관계에 영향을 미친다는 것을 항상 기억하고 하나님이 원하시는 결정을 해서 좋은 관계 가운데 있어야 한다.

또한 하나님과 관계가 좋지 않으면 재정적으로 문제가 생긴다. 똑같은 돈을 벌어도 관계가 좋지 않으면 모을 수 없고 풍성하게 사용할 수 없다. 자기 욕심대로 쓰거나 누군가의 실수를 메우는 데 쓰느라 재정이 늘 부족하게 된다. 재정은 하나님이 주신다. 그러므로 하나님이 원하시는 결정을 해서 그분과 친밀한 관계를 맺고 있다면 재정도 자연스럽게 풍성해진다.

삶에 문제가 생겼다면 먼저 관계부터 돌아보아야 한다. 그 관계에 영향을 미치는 내 결정들을 집중적으로 세밀하게 돌아보라. 그 결정에 이르는 나의 마음 씀씀이를 알고 계시는 하나님의 관점으로 나를 돌아보아야 한다.

7장
자유와 평강을 누리라

은혜의 방향 설정

내가 존경하는 목사님이 계셨다. 사역의 모델이었다고 할 것이다. 제자훈련으로 교회를 크게 성장시켰고, 그 성장이 다른 모든 교회들에게 귀감이 되었으며, 큰 교회로 성장하고 나서도 조국교회를 생각하는 마음이 컸던 지도자셨다. 목사님이 은퇴하시면서 공개적으로 회개를 하셨는데 그것은 회개에 대한 설교를 많이 하지 못했다는 것이었다.

나는 평소 목사님의 설교를 자주 보았는데 어떤 설교자보다도 회개와 참된 그리스도인의 삶에 대해서 타협이 없는 설교를 하셨다. 그런데도 그런 아쉬움이 있으셨다는 건 아마도 하나님 앞에서 조금은 지나칠 정도로 자신의 허물을 찾는 전통적인 그리스도인의 겸손함이 아닌가 생각한다. 아울러 표면적 회개로 포장된 한국 교회를 향한 마지막 가르침이라는 생각도 든다.

사역자로서 대중들이 싫어하는 설교를 하면서 사역을 키울 수는 없다. 그것은 목회를 모르고 자신의 의로움에 붙잡혀 있는 사역 초년생들이나 하는 실수라는 것이 지금의 분위기이다. 하지만 그동안 사역하면서 사람이 변화되고 제자로서 잘 살자면 반드시 죄에 대해서 분명한 태도를 정해야 한다는 것을 배웠다.

백번 양보해서 초신자에게 죄보다 축복을 강조할 수 있다. 그러나 그 사람이 정말 죄를 끊고 사람을 낚는 어부로 살자면 반드시 자신의 죄에 대해서 분명한 태도를 취해야 한다. 예수님이 나를 위해 피를 흘리셨다는 것을 인정해야 예수님과의 진정한 관계가 시작되기 때문이다.

이제 우리는 은혜의 방향을 설정해야 한다. 죄에 대한 분명한 태도를 갖게 하는 은혜인지 아니면 네 마음대로 살아도 복을 받을 수 있다는 은혜인지. 죄에 대하여 타협하지 않는 그리스도인, 죄를 견딜 수 없는 교회가 되어야 한다. 하나님은 거룩하셔서 죄와 함께하시지 않는다는 것과 회개하지 않으면 살 수 없다는 것을 경험하게 해야 한다.

요셉은 노예로 팔려왔다가 하나님의 도움으로 시위대장 보디

발의 집에서 삶을 성장시키는 중이었다.

주인이 그의 소유를 다 요셉의 손에 위탁하고 자기가 먹는 음식 외에는 간섭하지 아니하였더라 요셉은 용모가 빼어나고 아름다웠더라 (창 39:6)

요셉은 준수한 청년으로 자라났다. 성품은 준비되었고 일은 효과적으로 잘 처리하며 외모는 아름답고 빼어났다. 그런 요셉에게 보디발의 아내는 유혹을 걸어왔다.

그 후에 그의 주인의 아내가 요셉에게 눈짓하다가 동침하기를 청하니 (창 39:7)

여인이 날마다 요셉에게 청하였으나 요셉이 듣지 아니하여 동침하지 아니할 뿐더러 함께 있지도 아니하니라 (창 39:10)

그러할 때에 요셉이 그의 일을 하러 그 집에 들어갔더니 그 집 사람들은 하나도 거기에 없었더라 그 여인이 그의 옷을 잡고 이르되 나와 동침하자 그러나 요셉이 자기의 옷을 그 여인의 손에 버려두고 밖으로 나가매 (창 39:11,12)

여인의 유혹은 집요하고 강렬했다. 먼저 눈짓을 보냈다. 주인의 부인이 보내는 젊은 남자를 향한 눈짓, 그것은 처음부터 심각한 죄가 아니라 일 잘하고 성품 좋고 잘생긴 요셉을 향한 호감이었다. 동침을 거절하자 여자는 다음 단계로 날마다 요셉에게 들러붙었다. 이제는 작정하고 날마다 동침을 구했다. 성경은 담담하게 사실을 전해주지만 아마도 여인의 유혹은 집요하게 외로운 요셉을 건드렸을 것이다.

마지막 유혹은 도저히 어떻게 해볼 수 없는 상황으로 요셉을 몰고 갔다. 아마 요셉의 인생에 가장 강력한 도전이 아니었을까 싶다. 노예로 팔려온 것보다, 감옥에 간 것보다 이 유혹이 더 어려웠을 것이다. 만약 그가 여기서 죄를 지었다면 총리고 뭐고 삼류 소설에나 나오는 뒷골목 양아치 같은 사람이 되었을 것이다.

여자는 집에 사람이 없게 만든 다음에 요셉의 옷을 잡았다. 그러면서 동침하자고 말했다. 정말 방법이 없는 여자다. 요셉이 옷을 그 여자의 손에 버려두고 나간 것으로 보아 그 여자는 요셉의 옷을 벗긴 것 같다. 말로 할 수 없는 고통이다. 이런 유혹에 대해서 요셉은 차분하게 원칙대로 잘 대응했다.

먼저 요셉은 분명한 말로 거절했다. 자신을 신뢰해주는 주인을 배신할 수 없다는 것이다. 그리고 무엇보다 하나님께 죄를 지을 수 없다는 것이다. 요셉은 자신을 신뢰해주는 주인과의 관계 그리고 노예로 팔려온 자신을 여기까지 이끌어오신 하나님과의 관계를 깨트릴 수 없었다.

그는 하나님이 마치 눈앞에 계신 것처럼 믿으며 살았다. 그처럼 치명적이고 끈질긴 유혹을 이길 수 있었던 것은 평소에 그가 하나님과 모든 상황에 대해서 깊고 친밀한 관계를 구축하고 있었기 때문이다. 하나님이 나의 삶을 모두 보고 계신다는 현장감 있는 친밀한 관계가 죄를 막아준다. 하나님이 지금 보고 계시며 나를 위해 피 흘리셨다는 것을 알아야 죄를 이길 수 있다.

요셉은 분명하게 거절한 다음에 그 여자와 같이 있지도 않았다. 아주 좋은 방법이다. 함께 있지도 않는 것이 중요하다. 삶을 통째로 날려버릴 수 있는 치명적인 유혹이 오기 전에 하나님의 얼굴을 구하는 삶을 살아야 한다. 거룩하게 살고자 하면 핍박을 받는다.

죄를 덕지덕지 묻히고 회개도 안 하는 사람은 원수의 관심 밖이다. 이미 넘어진 사람을 또 넘어뜨려서 뭐한단 말인가. 그런 사람은 평생 의미있는 일을 할 수 없다.

잠언은 그런 자를 향하여 이렇게 말씀하신다.

여러 가지 고운 말로 유혹하며 입술의 호리는 말로 꾀므로 젊은이가 곧 그를 따랐으니 소가 도수장으로 가는 것 같고 미련한 자가 벌을 받으려고 쇠사슬에 매이러 가는 것과 같도다 필경은 화살이 그 간을 뚫

게 되리라 새가 빨리 그물로 들어가되 그의 생명을 잃어버릴 줄을 알지 못함과 같으니라 (잠 7:21-23)

네 마음이 음녀의 길로 치우치지 말며 그 길에 미혹되지 말지어다 대저 그가 많은 사람을 상하여 엎드러지게 하였나니 그에게 죽은 자가 허다하니라 (잠 7:25,26)

성경은 유혹하는 자에게 죽은 자가 허다하다고 말씀하신다. 도수장으로 끌려가는 소와 새가 빨리 그물로 들어가는 것과 같다고 한다. 유혹에 걸려들면 죽는다. 살아있어도 죽은 것이다.

살아있다면 유혹을 이겨내야 한다. 청년이 유혹을 이기려면 오직 하나님의 말씀 안에서 하나님과 친밀한 관계를 구축해야 한다. 하나님의 임재를 평소에 경험하고 있다면 죄를 거부할 수 있다. 그렇게 되기까지 하나님을 사랑하고 그분과의 관계를 가장 소중하게 여겨야 한다.

회개하는 사람의 특권

진실한 회개를 하는 사람은 결코 멸시당하지 않는다. 시편 51편 17절에서는 "상하고 통회하는 마음을 주께서 멸시하지 아니하시리이다"라고 말씀하신다. 진실한 회개는 하나님의 보호를 받게 한다. 다윗 같은 사람이 무거운 죄를 지었어도 하나님께서 그를 멸시하지 않는데 우리 같은 사람들의 죄는 더욱 보호받을 것이다.

> 지극히 존귀하며 영원히 거하시며 거룩하다 이름하는 이가 이와 같이 말씀하시되 내가 높고 거룩한 곳에 있으며 또한 통회하고 마음이 겸손한 자와 함께 있나니 이는 겸손한 자의 영을 소생시키며 통회하는 자의 마음을 소생시키려 함이라 (사 57:15)

존귀하시고 거룩하시며 영원하신 하나님께서 통회하는 자와 함께하신다는 것이 놀랍다.

> 여호와는 마음이 상한 자를 가까이 하시고 충심으로 통회하는 자를 구원하시는도다 (시 34:18)

하나님은 고통을 느끼면서 회개하는 사람, 자신의 죄 때문에 마음이 아픈 사람을 가까이 하신다. 하나님과 함께 있으면서 회개하는 사람은 영혼이 소생되고 마음이 다시 살아난다. 그렇게 되기를 원한다면 우리는 통회하는 삶을 살아야 한다. 하나님은 우리 영혼을 걱정하시고 계신다.

내가 영원히 다투지 아니하며 내가 끊임없이 노하지 아니할 것은 **내가 지은 그의 영과 혼이 내 앞에서 피곤할까 함이라** (사 57:16)

우리가 누구이기에 하나님은 우리 영혼을 생각하시는가. 그것은 우리의 어떠함과 상관없이 오직 하나님의 자비하심 때문이다. 하나님은 아버지로서 영혼을 지으셨고 우리 영혼이 피곤할까 염려하신다. 하나님은 회개하는 그의 자녀들에게 평강을 주신다. 그러므로 하나님과의 관계가 평강하면 삶의 모든 영역에서 평강을 누릴 수 있다.

입술의 열매를 창조하는 자 여호와가 말하노라 먼 데 있는 자에게든지 가까운 데 있는 자에게든지 **평강이 있을지어다 평강이 있을지어다** 내가 그를 고치리라 하셨느니라 (사 57:19)

단, 회개하지 않는 악인에게는 평강이 없다.

그러나 악인은 평온함을 얻지 못하고 그 물이 진흙과 더러운 것을 늘 솟구쳐 내는 요동하는 바다와 같으니라 내 하나님의 말씀에 **악인에게는 평강이 없다** 하셨느니라 (사 57:20,21)

회개하지 않았을 때의 삶은 성경에 말씀하신 대로 바닥에서 더러운 것이 늘 솟구친다. 평강이 없기 때문에 쉬지 못한다. 회개하지 않는 사람들은 스스로의 영혼과 삶에 벌을 주고 있는 것이다. 그는 어디서도 쉴 수 없다. 평강은 세상이 줄 수도 없고 알 수도 없기 때문이다. 평강은 하나님만 주실 수 있다.

영혼이 살아있는 자가 누리는 만족함과 평안함은 회개하는 의인에게 주시는 하나님의 축복이다. 많은 사람들이 평강을 경험했음에도 죄를 먹고 마시면서 날마다 그 마음에 평강이 없이 더러운 것이 솟구치는 상태로 살고 있다.

바닥이 보이는 깨끗한 바다를 보았다면 자신의 삶이 그렇게 되기를 소망해야 한다. 그것은 회개하는 사람들에게 하나님이 약속하신 삶이다.

자유를 선택하다

추석 연휴 마지막 날, 아들과 버스 여행을 했다. 조금 힘들었다. 이미 여름에 몇 번 버스 여행을 했고, 추석 동안 몸이 아팠기 때문에 쉬고 싶었다. 사실 몸 상태도 좋지 않았지만 마음도 힘들었다. 버스를 그만 탔으면 좋겠다는 마음이 들었지만 아들과 약속을 지키기 위해 집을 나섰다.

아들은 수원으로 버스를 타고 가더니 평소와 다르게 잘 알지 못하는 버스를 기다린다. 평소에도 30분에 한 대씩 오는 버스인데 명절이라 더 안 온다. 버스를 하염없이 기다리면서 나는 마음이 힘들어진다. 아들에게 불편한 마음으로 말을 한다.

"어떻게 할 거야?"

아들은 미안해한다. 전에 추운 겨울에 인적도 드문 버스 정류장에서 한 시간을 기다린 적도 있다. 다행히 아들은 그런 상황을 미안해할 만큼 자랐다. 미안해하는 아들이 안쓰럽다. 아들과 버스 여행을 하다보면 가끔 이런 일을 겪는다. 내가 잘 모르는 길로 가서 잘 모르는 버스를 하염없이 기다리는 것이다. 나와 달리 아들은 이미 인터넷 검색을 통해 꼭 타기로 마음먹은 버스가 있다.

나는 힘들지만 마음으로 생각한다.

'내가 지금 짜증이 났구나. 그동안 훈련했기 때문에 이 정도는 충분히 내가 결정하면 기쁘게 받아들일 수 있는데…'

나는 아들을 사랑하고 버스 여행을 즐기기로 결정한다. 순간 마음이 다시 사랑으로 가득하고 기뻐진다. 아들과 스마트폰을 같이 보면서 버스를 기다린다. 그날 하루 종일 아들과 나는 어깨동무를 하고 즐겁게 돌아다녔다. 나는 어떤 상황에서든 자유를 선택할 수 있다. 그럴 수 있는 내면의 힘이 있다.

갈라디아서는 이 자유를 말씀하고 있다.

형제들아 너희가 자유를 위하여 부르심을 입었으나 그러나 그 자유로 육체의 기회를 삼지 말고 **오직 사랑으로 서로 종노릇하라** (갈 5:13)

예수님은 우리에게 자유를 주셨다. 우리를 정죄하고 사망을 선고하기만 하는 율법에서, 십자가를 대신 지심으로 우리를 살리시고 자유를 주신 것이다. 예수님 앞에 나가서 누구든지 회개하기만 하면 예수님의 진심어린 용서를 받고 자유할 수 있다. 그 자유를 다시 내 마음대로 육신의 뜻을 따라 사는 것으로 사용해서는 안 된다. 다른 사람을 섬기는 삶, 사랑의 종노릇을 위해 사용해야 한다.

온 율법은 네 이웃 사랑하기를 네 자신같이 하라 하신 한 말씀에서 이루어졌나니 만일 서로 물고 먹으면 피차 멸망할까 조심하라 (갈 5:14,15)

율법이 요구하는 바는 사랑을 실천하는 것이다. 다른 사람에게 예수님의 사랑을 경험케 해야 한다. 그래서 자유를 육체의 기회로 삼지 않고 사랑으로 종노릇하는 데 사용하기 위해서는 성령을 따라 사는 것이 필요하다. 자기 의로움으로 종노릇을 하면 섬김을 받는 사람이 불편해지고 당사자도 마음이 상한다. 성령의 인도하심을 따라 오히려 예수님을 닮아가게 되고 천국에서 높아진다.

내가 이르노니 **너희는 성령을 따라 행하라 그리하면 육체의 욕심을 이루지 아니하리라** 육체의 소욕은 성령을 거스르고 성령은 육체를 거스르나니 이 둘이 서로 대적함으로 너희가 원하는 것을 하지 못하게 하려 함이니라 너희가 만일 성령의 인도하시는 바가 되면 율법 아래에 있지 아니하리라 (갈 5:16-18)

성령의 인도하시는 바가 아니면 육체의 욕심을 이길 수 없다. 자연스럽게 사랑으로 종노릇하는 것도 불가능해진다. 자신의 의로움으로 하는 종노릇은 성경과는 상관없다. 성령의 인도하심을 따라 성령의 열매를 맺고 다른 사람이 그 열매를 먹음으로써 예수님을 경험하는 것이 중요하다.

성령의 인도하심이어야 자신의 육신의 열매가 아니라 성령의 열매를 맺을 수 있다. 회개하고 자유함을 얻었다면 이제 사랑으로 종노릇하는 법을 배워가야 한다. 그러자면 성령 하나님의 인도하심을 받는 법을 배우는 것이 필요하다.

자유 이후의 삶

자유 이후에 내 마음대로 살거나 자신에게 아무런 문제가 없는 것처럼 생각해서는 안 된다. 자유 이후에도 여전히 우리 안에 있는 무수한 욕심들을 인정해야 한다. 자유했으면 바로 성령의 인도함을 따라 사랑으로 종노릇하는 법을 배워가야 한다. 그것을 배우지 않는 사람은 다시 죄로 돌아가서 개처럼 토한 것을 다시 먹는 삶이 된다.

자유를 잃어버린 것은 자신의 마음에 있는 욕심을 이기지 못해서다. 성령의 인도하심을 따라 살 때 느끼는 자유를 아는 사람은 인도함을 놓치고 자신의 욕심에 의해 마음이 붙잡혔을 때의 괴로움을 안다. 성령께서도 근심하시고 나의 마음도 더없이 괴로우며 다른 사람도 괴로워진다.

성령의 인도하심을 따라 사랑의 종노릇을 하면 마음이 강건해진다. 수고가 있겠지만 하나님께서 기뻐하시고 나의 마음도 좋아지기 때문에 행복하다. 이렇게 사랑으로 가득한 사람은 그 마음이 강건해져서 욕심이 올라올 때 쉽게 다스릴 수 있고 자유로움을 계속 유지할 수 있다. 사랑은 자유롭게 하고 이기심은 죄의 종노릇을 하게 한다.

그런데 성령의 인도함을 놓칠 때 느낌들이 있다. 자유가 줄어들고 불편한 감정들이 마음을 지배하게 된다. 결국 죄가 나온다. 인도함을 놓쳤다면 반드시 다시 인도함을 받는 과정이 필요하다. 어느 순간까지는 은혜가 있고 행복했는데 그 자유함을 놓치게 된 상황을 찾아내야 한다. 그 상황이 떠오르면 그때 자기 마음의 움직임을 살펴야 한다. 어떤 특정한 상황에서 자신의 욕심이 성령의 뜻보다 우선하여 인도함을 놓치게 되는 경우도 있고, 아주 오래전부터 나의 마음에 길을 낸 것도 있다.

어떤 지체가 소그룹 안에서 어려운 사람을 만났다. 피하고 싶고 외면하고 싶은데 잘 되지 않고 계속 마음이 어렵다. 목사가 자신을 어떻게 볼지도 걱정된다. 어려운 사람을 피하면서 인도함을 놓치고 목사를 의식하면서 고질적인 욕심이 올라온다. 권위자에게 인정받고 싶은데 권위자가 나를 인정해주지 않을 것 같은 두려움이다.

이런 경우 먼저 피하고 싶은 사람을 왜 피하고 싶었는지 살피고 마음을 강건하게 해서 상대해야 한다. 도울 수 있으면 돕고, 사랑할 수 있으면 사랑하고, 그게 힘들면 최소한 미워하지 않기로 결정해야 한다. 당장 사랑하지 못하는 사람을 미워하지 않는 것도 대단한 훈련의 결과이다. 그리고 자신 안에 아직 다루어지지 않은 권위자를 향한 두려움을 다루어야 한다.

결론은 예수님의 마음을 받는 것이다. 마음을 새롭게 하는 것도 성령 하나님의 인도함을 받아야 한다. 내 마음속 욕심의 내용들을 스스로 보고 예수님 앞에 들고 나가 그분의 성품에 입각해서 새롭게 조명하고 마음을 바꾸어야 한다. 예수님은 내가 피하고 싶은 사람을 이해하는 마음을 주실 수 있고, 두려움이 가져다주었던 마음을 담대하게 만들어주실 수 있다. 예수님의 따뜻한 인정을 받으면 권위자를 두려워하지 않게 된다. 그렇게 되면 예수님의 마음이 나를 통해 권위자에게 흘러가고 성령께서 역사하셔서 자유롭게 된다.

권위자를 두려워하던 사람이 변화되어 권위자를 일관성 있게 대하면 충성의 열매를 맺게 된다. 충성의 열매를 맺은 사람은 자신의 권위자에게 계속해서 말과 행동, 근본적으로 그의 마음 씀씀이를 통해 충성의 열매를 나누게 된다. 충성스럽고 일관성 있고 신실한 관계를 맺게 되는 것이다. 관계의 주도권은 포지션을 가진 사람이 아니라 열매를 맺은 사람의 것이다.

다윗의 훈련

엘리 제사장 이후로 사무엘을 통하여 겨우 나라가 회복되었는데 사울의 등장과 아울러 나라는 다시 어두워지고 있었다. 그때 하나님께서 아무도 모르게 준비했던 사람이 나타났다. 바로 다윗이다. 그는 모든 사람이 보기에 어렸으나 하나님의 관점에서는 아름다운 사람이었다.

전 삶을 드려 하나님만을 추구하며 하나님을 위해서라면 무엇이든 하겠다는 새로운 사람이었다. 새로운 세상은 새로운 사람으로 가능하다. 새로운 사람은 당대 사람들이 갖지 못하는 하나님과의 특별한 친밀함을 가진 사람이다.

> 이에 사람을 보내어 그를 데려오매 **그의 빛이 붉고 눈이 빼어나고 얼굴이 아름답더라** 여호와께서 이르시되 이가 그니 일어나 기름을 부으라 하시는지라 (삼상 16:12)

이 장면을 읽을 때마다 흥분이 된다. 마치 '록키'가 늘 계단만 뛰어다니다가 드디어 장엄한 음악과 함께 링 위에서 챔피언과 붙게 되는 장면 같다는 생각이 든다. 주인공이 "두둥" 하고 등장한 것이다.

이새의 자녀들이 다 왔으나 하나님이 선택하신 사람은 나타나지 않았다. 그때 별 기대 없이 사람을 보내어 들에서 양을 치고 있는 막내 다윗을 불러왔는데 그에게서 하나님의 사람이라는 느낌이 온 것이다. 무슨 일이 났는지 아무 영문도 모른 채 다윗이 집에 들어왔을 때 하나님은 사무엘에게 말씀하셨다.

"이가 그다."

다윗은 빛이 붉고 눈이 빼어났으며 얼굴이 아름답다는 평가를 받았다. 큰 아들 엘리압처럼 용모와 키가 당당하지도 않았는데 말이다.

하나님은 외모를 보시지 않는다. 그렇다면 다윗에 대한 평가는 외모에 대한 평가라기보다 하나님께서 그를 어떻게 보시는지에 대한 평가이다. 하나님의 사람이 가지는 아름다움이 그에게 있었다. 광야에서 하나님만 의지하며 사자나 곰을 죽이고 양을 돌보며 큰 꿈을 가슴에 품고 있는 하나님의 사람, 그러나 아직 그 꿈이 현실이 되기에는 너무나 많은 시련을 거쳐야 할 사람이 막 나타나고 있었다.

새로운 시대가 온다는 것은 하나님과 새로운 관계 형성을 한 사람들이 대거 일어난다는 것이다. 새로운 세상을 위한 한 사람이 튀어나왔고 그는 이제 그의 꿈에 걸맞는 사람이 되기 위해 계속되는 연단과 시험을 통과해야 할 것이었다.

새로운 세상을 원한다면서 하나님과 친하지도 않고 자기가 원하는 욕심을 채우면서 슬로건만을 외치는 사람은 거짓말쟁이이다. 사람은 말과 행동, 슬로건과 삶이 얼마든지 다를 수 있다. 새로운 세상은 나를 더 돋보이게 만드는 세상이 아니다. 하나님이 원하시는 것을 이루기 위해서는 무엇이든 할 수 있다는 사람들이 하나님이 주시는 은혜 가운데서 자신의 삶을 하나님께 헌신해서 일을 이루어가는 세상이다.

하나님은 일찍이 다윗에게서 그런 자질을 보셨다. 하나님이 사람을 평가하고 세우는 중요한 기준은 "하나님의 마음에 합한 사람인가" 하는 것이다. "하나님의 마음에 합하다"는 것은 인간이 자신의 뜻이 아니라 하나님이 가지고 계신 뜻과 의지를 실현하기 위해 기꺼이 대가를 지불하겠다는 일관성과 헌신이 있는가 하는 것이다. 하나님은 다윗과 함께 계셨고, 그는 담대했다.

> 그리한 후에 **사울의 옷자락 벰으로 말미암아 다윗의 마음이 찔려** 자기 사람들에게 이르되 내가 손을 들어 여호와의 기름부음을 받은 내 주를 치는 것은 여호와께서 금하시는 것이니 그는 여호와의 기름부음을 받은 자가 됨이니라 하고 다윗이 이 말로 자기 사람들을 금하여 사울을 해하지 못하게 하니라 (삼상 24:5-7)

다윗은 빚지고 원통한 사람들과 함께했다.

새로운 세상은 새로운 하나님과의 관계에서 나오는 하나님의 원칙으로 이끌어져야 한다. 다윗은 자신과 함께한 사람들이 그렇게 새로운 원칙을 가지고 살아가도록 가르쳐야 했다. 누군가를 가르치자면 먼저 모범을 보여야 한다. 그러나 단순히 조직을 이끌기 위한 모범, 자신이 책잡히지 않기 위한 모범이라면 감동도 없고 영향력도 짧을 것이다.

다윗은 하나님이 세우신 원칙으로 철저하게 산 사람이 되어야 한다. 그래야 자신과 함께 있는 사람들을 지도자로 세울 수 있다.

사람을 변화시키려면 상당한 정도의 영향력을 소유해야 한다. 하나님은 다윗에게 그런 삶을 요구하셨다.

원수에게 쫓겨다니면서도 그를 죽이려는 원수의 옷자락을 베는 것에 양심에 가책을 느끼는 사람이 되어야 하는 것이다. 자신을 죽이려는 원수를 동굴에서 만났다면 당연히 죽어야 한다. 그러나 하나님이 싫어하시는 일이기에 다윗은 원수를 죽이지 않을 뿐 아니라 옷자락을 베는 것만으로도 찔려 한다.

동서고금에 원수를 살려주었다가 다시 화(禍)를 겪게 된다는 이야기는 있어도 하나님이 싫어하시는 일이기 때문에 원수를 해하지 않는다는 이야기는 없다. 내가 죽을 수도 있는 현실 속에서 눈에 보이지 않는 원칙을 지키는 게 쉬운 일은 아니다. 그러나 하나님은 사람을 쓰시기 전에 이 부분을 예민하게 지켜보신다.

다윗이 가진 모든 명예와 부를 사라지게 하고, 창을 던지며 살해 위협을 하고, 한순간에 망명자가 되게 한 원수가 눈앞에서 자고 있다. 그렇게 복잡한 상황에서 단지 하나님이 싫어하신다는 이유만으로 다윗은 복수하지 않았다.

그는 평생을 전쟁터에서 살다간 사람이었다. 죽음은 그의 일상이었다. 적을 죽이느냐 내가 죽느냐 하는 순간에도 그는 지켜야 할 것이 있는 사람이었다. 한마디로 목숨보다 더 소중한 원칙이 있었던 것이다. 그것은 바로 하나님의 뜻이었다. 다윗은 자신 목숨을 잃을지언정 하나님의 원칙을 훼손해서는 안 된다는 훈련을 통과하고 있었다.

평생의 원칙

다윗과 함께 갔던 자들 가운데 악한 자와 불량배들이 다 이르되 그들이 우리와 함께 가지 아니하였은즉 우리가 도로 찾은 물건은 무엇이든지 그들에게 주지 말고 각자의 처자만 데리고 떠나가게 하라 하는지라 다윗이 이르되 나의 형제들아 여호와께서 우리를 보호하시고 우리를 치러 온 그 군대를 우리 손에 넘기셨은즉 그가 우리에게 주신 것을 너희가 이같이 못하리라 이 일에 누가 너희에게 듣겠느냐 전장에 내려갔던 자의 분깃이나 소유물 곁에 머물렀던 자의 분깃이 동일할지니 같이 분배할 것이니라 하고 그날부터 다윗이 이것으로 이스라엘의 율례와 규례를 삼았더니 오늘까지 이르니라 (삼상 30:22-25)

다윗과 함께한 사람들이 다윗을 죽이려고 했다. 아말렉 사람들이 다윗을 공격하였을 때 그들은 다윗을 돌로 치자고 하였고 다윗은 다급한 상황이었다. 그들은 가족을 잃어버린 상황에 대해서 다윗에게 책임을 묻고자 했다.

다윗은 그런 사람들과 함께 새로운 세상을 이루려고 준비하는 중이었다. 그들이 아말렉 사람들을 좇아가서 큰 승리를 거두었을 때 같이했던 불량배들이 동조하지 않은 사람들을 쫓아내자고 했다. 다윗은 적들에게서 우리를 보호하시고 승리를 주신 분이 하나님이시라고 말했다.

다윗이 매우 다급하였을 때 힘을 주시고, 아말렉을 좇아가도록 말씀하시고, 중간에 버림받은 병사를 만나게 하시고, 적들이 먹고 마시며 춤추는 새벽 시간에 급습하여 큰 승리를 경험하게 하신 하나님의 역사에 대해서 함께한 사람들은 알고 있었다. 다윗과 그의 무리를 이끌어가는 것은 다윗의 지도력이나 불량배들의 선의가 아니라 하나님이 베푸시는 세밀한 기적들이었다.

하나님이 승리를 주셨고, 그 승리에 따른 전리품들도 당연히 하나님이 주신 것이므로 사람들의 뜻이 아니라 그분의 뜻을 따라 똑같이 분배했다. 그리고 이는 이스라엘의 율례가 되었다.

하나님을 경험한 사람들이 하나님의 뜻을 알고 그 뜻을 따라 세운 원칙이 다스리는 곳이 바로 다윗의 공동체였다. 그들은 그들의 용력(勇力)이 아니라 하나님을 경험하고 그분의 원칙을 배워감으로써 나라를 세우는 중이었다. 생사를 넘나드는 상황에서 배운 원칙은 평생 간다. 다윗을 돌로 치자는 사람들이 여전히 다윗과 함께 있다는 것도 괴로운 일이지만 그들에게 다윗이 계속해서 하나님의 원칙을 가르쳐야 한다는 사실은 더 괴롭다. 악한 사람들과 좋은 이야기를 하는 기분이라니….

전리품을 똑같이 나누고자 할 때 고분고분 말을 잘 들었을 것 같지 않다. 분명 불평했을 것이고 단순히 다윗을 힘으로 이기지 못하기 때문에 조용했을 수도 있다. 어려운 사람들을 가르치는 것은 어려운 일이다. 말로 안 되는 일이 많다. 하나님을 위한 일이 선한 뜻대로 저절로 모두의 감동 속에 될 거라는 생각은 환상이다. 죽음을 각오하지 않으면 하나님께 순종하기 어렵다.

하나님이 아니면 모든 것을 포기한다는 생각으로 뒤도 보지 말고 하나님이 주신 원칙을 목숨처럼 지켜야 한다. 리더가 목숨처럼 그 원칙을 지킬 때 사람들이 설득된다. 모든 것을 받아주시던 하나님께서 사람을 광야에 내몰아 놓고 보고 싶은 것은 하나님의 원칙(하나님의 성품에서 나오는 하나님의 뜻)을 목숨처럼 지킬 수 있느냐 하는 것이다. 만약 그 과정에서 사울처럼 계속 자기 편한 대로 하면 관계는 단절된다.

원칙을 목숨처럼 지켜야 하는 때가 있다. 돈과 권력, 성(性)에 있어서 하나님이 정하신 원칙을 목숨처럼 지키고 가르칠 수 있는지를 하나님은 지켜보신다.

사람이 하나님의 뜻을 떠나 자기 마음대로 해서 관계가 단절되어도 어떻게든 살아간다. 점점 은혜가 아닌 것들이 삶을 채우고, 살아계신 하나님의 성품과 능력을 느끼지 못하면서도 사람은 살아가고 일을 할 수 있다. 뿌리가 잘린 꽃이 바로 죽지 않듯이…. 그것이 무섭다.

다윗이 광야에서 양을 칠 때나 사울에게 쫓겨다니면서 목숨이 위태로울 때처럼 하나님의 손길이 느껴지지 않는다 하여도 왕으로서 다윗은 그 원칙을 준수하고 가르쳐야 하는 책임이 있다.

세밀하게 도우시는 하나님의 손길이 느껴지지 않을 때, 자신의 성공이 충분할 때 다윗은 우리아의 아내를 빼앗았다. 다윗은 알았어야 했다. 하나님께서 들에서 양을 칠 때처럼 그의 모든 것을 세밀하게 살피시고 계시는 상황이라는 것을.

다윗이 사울에게 더는 쫓겨다니지 않을 때, 왕이 되어 부족함이 없을 때도 여전히 하나님을 가장 두려워하고 그의 원칙을 준수하는지 하나님은 보고 싶어 하셨다. 광야에서 충분히 다루어지지 않은 어떤 부분은 반드시 나중에 큰 대가를 치른다. 인생의 결정적인 순간에 한번에 무너져버리는 것이다.

사람이 죽을 때까지 하나님께 버림받지 않고 그 영향력이 줄지 않고 사는 것이 어렵다. 대천덕 신부님의 모든 것을 존경한다. 특히 그가 예수원에서 하나님 앞에 부름받으실 때까지 영향력이 줄지 않았다는 것이 특별하게 느껴진다. 그는 하나님의 사람이었다. 나도 그렇게 오직 하나님만을 따라가는 사람이 사람이 되고 싶다.

칭찬 듣는 사람

이는 다윗이 헷 사람 우리아의 일 외에는 평생에 여호와 보시기에 정직하게 행하고 자기에게 명령하신 모든 일을 어기지 아니하였음이라 (왕상 15:5)

평생 하나님을 추구했던 다윗이지만 성경은 다윗의 공(功)과 아울러 그의 허물까지 공평하게 말씀해주신다. 큰 실수를 저질렀으나 그는 하나님께 버림받지 않았다. 실수 속에서도 하나님을 선택한 결과이다.

사람들은 사울처럼 실수를 하면 사람들의 시선을 먼저 생각한다. 사람들에게서 비난을 받고 자신이 가진 것을 잃어버리게 될까 봐 염려한다. 그러나 광야에서 하나님을 만났던 다윗은 실수 속에서 훈련되었음을 보여주었다. 실수를 통해 하나님의 은혜를 더욱 크게 경험한 것이다. 실수함으로써 그의 삶은 어려워졌고 급기야 자식에게 쫓겨다니기까지 했다. 그래도 그는 하나님의 긍휼하심을 구했고 버림받지 않았다.

하나님이여 주의 인자를 따라 내게 은혜를 베푸시며 주의 많은 긍휼을 따라 내 죄악을 지워주소서 (시 51:1)

하나님과의 관계는 하나님이 이끄신다. 우리는 하나님이 설정하신 관계의 틀을 존중하고 따라가야 한다. 모든 것이 용납되고 선하신 하나님께서 오직 은혜를 베푸시면서 언제나 용서하시고 돌봐주시는 때가 있다.

한편 인생의 어려움을 겪고 누군가에게 모함을 당하면서 인생이 내 뜻대로 되지 않을 때도 있다. 그런 때에 우리는 새로운 차원의 하나님을 만나게 된다. 하나님은 우리가 그의 자녀이므로 훈련시키신다고 히브리서는 말씀하신다(히 12:8 참조). 자식에게 훈련이 없으면 친 자식이 아니고 사생자이다.

셀 수도 없는 실수 속에서 하나님의 뜻대로 돌이키는 훈련을 반복하면, 점점 자신의 연약함과 욕심대로 살지 않고 하나님의 뜻을 따라 사는 사람으로 자라나게 된다. 사람은 저절로 하나님의 사람이 되지 않는다. 하나님의 원칙이 나의 삶을 다스리고 다른 사람에게 영향력으로 전파될 때까지 고통스런 훈련 과정이 기다리고 있다.

나도 그런 시간이 있었다. 하나님은 가차 없는 훈련을 시키셨다. 수많은 훈련 속에서 지쳐 쉬고 싶다고 말했지만 들려오는 응답은 늘 한결같았다.

'길아! 지금은 빨리 가야 한다.'

자신이 저지른 실수에 대해 책임을 지는 법을 배워야 할 때도 있다. 하나님은 다윗을 사랑하셨지만 다윗의 모든 실수가 용납되는 것은 아니었다. 자신의 죄로 말미암아 자식들이 반란을 일으키는 것을 경험했고 자신의 후궁이 자식에게 더럽혀지는 것을 온 백성이 알게 되는 수치스러운 일을 겪어야 했다. 그런 상황에서도 하나님을 사랑하는 법을 배워야 한다.

인생 최악의 순간에도 오직 선처하시는 하나님의 손에 자신을 맡기고 다시 하나님의 얼굴을 구하는 때가 있다.

명동의 길거리에서 혼자 예배드리고 있던 때였다. 하루는 기도 중에 앞으로 하나님이 나를 큰 교회 목사처럼 살피시겠다고 하시는 것 같았다. 많은 사람들에게 영향력을 미칠 수 있는 자리에 있는 사람처럼 더 세밀하게 보시겠다는 의미로 받아들였다. 조금 당황스러웠다. 하나님께서 나를 밀어내신다는 느낌이었다. 전처럼 친밀함 가운데 딱 붙어 있다는 느낌이 아니라 감시를 받는 듯한 느낌이랄까.

그렇게 몇 년이 흘렀다. 잘하고 있는지 모르겠다. 다만 늘 나를 살피시는 하나님의 눈길을 생각한다. 그것은 단순한 감시가 아니라 '너는 잘해야 한다. 넘어지면 안 된다'는 기대 어린 감시이다. 그러나 결국은 내 책임이다. 하나님께서 내게 맡겨놓고 잠잠히 지켜보고 계시기 때문이다.

'하나님의 원칙을 목숨처럼 지키고 가르치고 있는가. 나중에

혹 번성함이 온다면 그때도 여전히 대천덕 신부님처럼 그리고 성경에 나오는 하나님께 칭찬 듣는 사람들처럼 잘 살았다는 평가를 받을 수 있을까.'

무엇보다 예수님과의 관계가 최우선이다. 내가 원하는 방식을 내려놓고 두려움 없이 예수님과 친밀한 관계 안에 있어야 한다. 그런 관계 안에서 모든 좋은 것이 가능해진다. 관계가 친밀해지면 삶의 모든 영역의 문제들을 예수님이 주시는 관점으로 파악하고 해결할 수 있다.

지금 하나님과의 관계 속에서 하나님이 원하시는 것이 무엇인지 분별해서 순종해야 한다. 혹 실수가 있다면 다시 돌아가서 하나님과의 관계를 회복하면 된다. 하나님과의 관계가 내 인생을 결정하기 때문이다.

에필로그
하나님을 가장 사랑한다는 원칙

처음 글을 쓸 때는 회개에 대한 철저한 사명감 같은 것이 있었다. 아마도 회개하지 않는 날라리 청년들을 생각하면서 회개 안 하면 죽는다는 말을 해주고 싶었는지 모른다. 그러나 진정으로 사람을 성장시키는 회개는 무엇인지, 무엇보다 하나님이 나를 회개케 하기 위해 어떤 은혜 가운데 이끌어오셨는지를 생각하니 마음이 누그러졌다.

회개의 결론은 '하나님과 친밀한 관계의 회복'이다. 회개는 그 자체로도 의미가 있지만 하나님과의 관계 안에서 진정한 의미가 있다. 법정에서 죄수가 재판장에게 형을 받고 수형생활을 끝내면 죄 값을 치르는 그런 류가 아니다. 우리는 하나님의 아들이신 예수님의 피 값으로 용서받았다. 그래서 죄는 피 흘리신 예수님의 가슴에 못을 박는 일이며, 회개는 그런 슬픔과 고통을 이기고 다시 관계를 새롭게 하는 일이다. 회개는 하나님의 마음을 이해하고, 예수님의 피 흘림을 기억하는 일이다. 은혜 없이는 회개도 없다. 결국은 모든 것이 은혜이다.

  책 제목을 처음부터 고민했지만 내가 정할 마음은 없었다. 늘 기도할 때마다 하나님이 주시는 마음은 '너는 글을 쓰지만 책은 다른 사람이 만든다'는 것이다. 겸손하게 전문가들을 존중하라는 마음을 많이 받는다. 내 책이지만 일찌감치 욕심을 접었다. 다만 책을 팔려고 제목을 고민하지는 않았다. 어떻게 하나님이 주신 글을 사람들이 잘 읽을 수 있도록 최선의 제목을 잡을 것인가를 고민했다.

  책의 내용은 회개, 하나님과의 관계 회복을 위한 시도, 그리고 의존이 중요한 키워드였다. 편집팀에서 책 제목으로 '전적의존'이 어떤지 조심스럽게 물었다. 듣자마자 '진짜 좋다'는 마음이 들었다. 참신하면서도 전혀 생소한 느낌은 아니었다. 또한 책의 분위기를 이해하는 제목이라는 생각이 들었다.

  사실 글에서 강력하게 회개를 말했지만 속으로는 계속 상황을 이해시키고 설명하려고 했고, 부탁하는 마음으로 책을 썼다. 이 제목이 원칙을 지키면서도 그런 마음을 담고 있다고 생각했다.

  남양주에 있는 청소년들에게 말씀을 전하러 갔다. 시간이 남아서 가는 도중에 명동에서부터 왕십리역까지 두 시간가량을 걸었다. 마천루(摩天樓)와 허름한 집들이 복잡하게 섞여 있는 도심의 길 위에서 책 제목을 생각했다.

  '전적의존.'

어디선가 들어본 말이라는 느낌이 들었고, 불현듯 '전적타락'이 떠올랐다.

'아, 그래서 생소하지 않았구나!'

전적타락이 전적의존이라는 말을 돋보이게 해주었다. 둘은 연관성이 깊다. 인간은 스스로 타락을 회복시킬 수 없고, 회복된 상태를 스스로 유지시킬 수 없기에 필연적으로 하나님을 의존해야 한다. 그것은 하나님께서 구약과 신약을 통해 그리고 기독교 역사를 통하여 일관되게 강조하신 것이다.

나는 기독교 2천 년 역사의 전통을 자랑스럽게 생각한다. 그 안에 어두운 것도 있고 자랑스럽게 빛나는 것도 있다. 그럼에도 그 역사의 내용들 모두가 소중하다. 오래 전 칼빈은 '전적타락'을 이야기했다. 그리고 나는 이제 '전적의존'을 말하고 있다. 우리는 이미 진리의 가르침을 소유하고 있다. 그 진리가 우리의 현실에서 여전히 지도적 위치에 있게 해야 한다고 외치는 나에게 온고지신(溫故知新) 같은 이 제목은 품위가 있으면서도 새롭다고 느낀다. 부디 사랑하는 조국교회의 청년들에게도 그렇게 느껴지게 되기를 기도한다.

제목 이야기를 길게 했지만 결국은 책에 대한 소망을 이야기했다. 제목, 곧 이름은 그 사물의 본질을 담고 있다. 조국교회의 청년들을 위해 최선을 다한다. 인생을 바친다. 그러나 원칙을 지킨다. 책을 쓴 나의 인생관이기도 하다. 삶의 현실이 압도적이어서 정신을 차릴 수 없을 때라도 반드시 하나님을 가장 사랑해야 한다는 원칙을 지켜야 한다.

  그것이 삶에 얼마나 도움이 되느냐 하는 것은 중요한 문제가 아니다. 일단 원칙을 지켜야 한다. 그 다음은 하나님께서 우리를 보시고 알아서 하실 것이다. 나는 목사로서 성도들의 삶의 최일선에서 그들을 돕고 있다. 성도 수는 적지만 거의 매일 새로운 일이 일어난다. 상황은 성도들뿐 아니라 나에게도 압도적이다.

  원칙은 쉽게 적용되지 않고 믿음은 가치가 있어 보이지 않는다. 그래도 성경이 말하고 믿음의 선배들이 살았던 바, 그 원칙은 충실하게 지켜져야 한다. 그렇게 살고 가르치는 것이 내가 할 일이고 내 인생이다.

전적의존

초판 1쇄 발행	2011년 10월 24일
초판 11쇄 발행	2017년 1월 13일
지은이	김길
펴낸이	여진구
편집	김아진, 안수경, 이영주
책임디자인	이혜영 ㅣ 마영애, 노지현
기획·홍보	김영하
마케팅	김상순, 강성민, 허병용
제작	조영석, 정도봉
해외저작권	기은혜
마케팅지원	최영배, 정나영
경영지원	김혜경, 김경희
이슬비전도학교	최경식, 전우순
303비전장학회 & 303비전꿈나무장학회	여운학
303비전성경암송학교	박정숙
펴낸곳	규장

주소 06770 서울시 서초구 매헌로 16길 20(양재2동) 규장선교센터
전화 02)578-0003   팩스 02)578-7332
이메일 kyujang0691@gmail.com   홈페이지 www.kyujang.com
트위터 twitter.com/_kyujang   페이스북 facebook.com/kyujangbook
등록일 1978.8.14. 제1-22

ⓒ 저자와의 협약 아래 인지는 생략되었습니다.
이 출판물은 저작권법에 의해 보호를 받는 저작물이므로 무단 전재와 무단 복제를 할 수 없습니다.

책값 뒤표지에 있습니다.
ISBN 978-89-6097-240-7 03230

규 ㅣ 장 ㅣ 수 ㅣ 칙

1. 기도로 기획하고 기도로 제작한다.
2. 오직 그리스도의 성품을 사모하는 독자가 원하고 필요로 하는 책만을 출판한다.
3. 한 활자 한 문장에 온 정성을 쏟는다.
4. 성실과 정확을 생명으로 삼고 일한다.
5. 긍정적이며 적극적인 신앙과 신행일치에의 안내자의 사명을 다한다.
6. 충고와 조언을 항상 감사로 경청한다.
7. 지상목표는 문서선교에 있다.

하나님을 사랑하는 자 곧 그의 뜻대로 부르심을 입은 자들에게는 모든 것이 合力하여 善을 이루느니라(롬 8:28)

규장은 문서를 통해 복음전파와 신앙교육에 주력하는 국제적 출판사들의 협의체인 복음주의출판협회(E.C.P.A:Evangelical Christian Publishers Association)의 출판정신에 동참하는 회원(Associate Member)입니다.